Sammlung der Zeitzeugen

Dieter Peeters

Vermißt in Stalingrad

Als einfacher Soldat überlebte ich
Kessel und Todeslager
1941–1949

Dieter Peeters, geboren 1921 in Duisburg, Kindheit und Jugend in Düsseldorf. Humanistisches Gymnasium, Ausbildung zum Edelstahlkaufmann, wegen Einberufung zum Wehrdienst 1941 jedoch vorzeitig abgebrochen. Ab Juni 1941 Einsatz an der Ostfront, im November 1942 Einkesselung in Stalingrad. Gerät im Januar 1943 in russische Gefangenschaft, aus der er erst im April 1949 wieder zurückgekehrt. Nach Heimkehr Beendigung der Ausbildung und Aufstieg zum Verkaufsleiter in einem bedeutenden Edelstahlunternehmen. Seit 1983 im Ruhestand. Dieter Peeters lebt heute in Düsseldorf.

Sammlung der Zeitzeugen

Dieter Peeters

Vermißt in Stalingrad
Als einfacher Soldat überlebte ich
Kessel und Todeslager
1941–1949

Herausgegeben von Jürgen Kleindienst

Zeitgut Verlag

Die im Buch veröffentlichten Abbildungen und Dokumente stammen aus dem Privatbesitz des Verfassers.
Bilddokumente der Seiten 20, 23, 26, 30, 32, 33, 38, 41, 42, 48, 49, 57, 58, 60, 62 und 78 mit freundlicher Genehmigung Privates Antiquariat Rainer Lehmann (www.privates-antiquariat.de). Abbildung Seite 37 mit freundlicher Genehmigung Lutherisches Verlagshaus, Hannover.

Bibliographische Information der Deutschen Bibliothek
Die Deutsche Bibliothek verzeichnet diese Publikation in der Deutschen Nationalbibliographie; detaillierte bibliographische Daten sind im Internet über http://dnb.ddb.de abrufbar.

© 2005 by Zeitgut Verlag GmbH, Berlin
Sammlung der Zeitzeugen, Band 28
3. Auflage 12/2007
Verlag: Zeitgut Verlag GmbH, Berlin
Klausenpaß 14, 12107 Berlin
Telefon 030 - 70 20 93 0, Telefax 030 - 70 20 93 22
E-Mail: info@zeitgut.com
www.zeitgut.com
Herausgeber: Jürgen Kleindienst
Lektorat: Brigitte Preissler, Berlin
Karte: Peter Palm, Berlin
Umschlaggestaltung: Maria Herrlich, Berlin
Printed in Germany
ISBN 978-3-933336-77-4

Inhalt

Vorwort 7

Auf dem Vormarsch 9

Eingekesselt 31

Karte des Kessels 34

Marsch in die Gefangenschaft 55

Das Todeslager von Beketowka 66

Im Lazarett 79

Waldarbeiter in Wolosniza 82

Am Ende meiner Kräfte 93

Heimkehr 96

Nachwort 99

Dem Andenken meiner Kameraden Peter und Paul

Ich wünsche mir, daß künftige Generationen
niemals erleben, was Krieg ist.
Man sagt, die Zeit heilt die Wunden der Geschichte.
Meine Wunden werden niemals heilen.

Vorwort

Zur 1. Auflage

Dieses Buch erzählt von meinen Erlebnissen als junger deutscher Soldat auf dem langen Marsch nach Stalingrad, während der Monate im Kessel und in den darauffolgenden Jahren meiner russischen Gefangenschaft. Ich erlebte die Hölle von Stalingrad.

Die langen Jahre meiner Gefangenschaft sind für mich von besonderer Bedeutung. Jahrzehntelang habe ich meine Erlebnisse in Beketowka, einem der berüchtigtsten sowjetischen Kriegsgefangenenlager, verdrängt und darüber geschwiegen. Einerseits wollte ich den Angehörigen der vielen vermißten Soldaten die erschütternde Wahrheit über die dortigen Zustände ersparen. Andererseits befürchtete ich, man würde meiner Darstellung keinen Glauben schenken.

Im Januar 2003 jährte sich die Tragödie von Stalingrad zum sechzigsten Mal. In den Medien erschienen viele Beiträge über das Schicksal der deutschen Soldaten bis zur Auflösung des Kessels. Diese teilweise schonungslose Berichterstattung bewog mich als einen der wenigen heute noch lebenden Zeitzeugen dazu, über mein Leben und Leiden in Stalingrad und während der Gefangenschaft zu sprechen und zu schreiben.

Es soll nicht unerwähnt bleiben, daß die menschenverachtenden Zustände im Todeslager Beketowka seitens des sowjetischen Regimes nicht beabsichtigt waren. Auch das sowjetische Militär und die Zivilbevölkerung hungerten, doch niemand war Herr der Lage.

Für viele mag ein Teil der hier gezeigten Fotos aus Stalingrad eine Zumutung sein. Erst im Januar 2005 stieß ich durch Zufall in einem privaten Archiv auf sie. Für mich war es eine, zuerst erschreckende, Begegnung mit meiner Vergangenheit. Doch inzwischen bin ich froh, daß es die Fotos gibt und ich sie noch einmal sehen konnte. Sie sind mir selbst und anderen Beweis, daß es diese Hölle wirklich gab.

Dieter Peeters
Düsseldorf im Januar 2005

Zur 2. Auflage

Die Veröffentlichung meiner Erinnerungen löste ein großes Echo aus, das auch eine Reihe von Fragen enthielt. Ich habe daher gern die Gelegenheit genutzt, für einen erforderlichen Nachdruck Ergänzungen und die Schilderung zusätzlicher Episoden einzufügen.

Dieter Peeters
Düsseldorf im Januar 2006

Auf dem Vormarsch

Stalingrad-Mitte, 19. November 1942 – endlich hatte ich ihn in der Tasche: meinen Heimat-Urlaubsschein. Seit vielen Monaten hatte ich mich auf diesen Tag gefreut.
Anfang 1941, gerade 19 Jahre alt, war ich zusammen mit sechs weiteren Rheinländern nach Linz an der Donau eingezogen worden. Infolge der weiten Entfernung zu unseren Heimatorten bestand für uns – im Gegensatz zu den Rekruten aus Österreich – in den wenigen Monaten der Ausbildung keine Möglichkeit, Heimaturlaub zu nehmen. So kam es, daß wir im Sommer 1941 nach Rußland ausrückten, ohne unsere Familien während unserer Soldatenzeit jemals besucht zu haben.
In Rußland waren drei von uns der gleichen Kompanie zugeteilt worden. Sie bestand aus älteren, erfahrenen Soldaten, die am Frankreichfeldzug teilgenommen hatten. Wir stießen als Ersatz für gefallene Rekruten zu ihnen. Bereits in den ersten Monaten verlor ich die beiden Kameraden, mit denen ich ausgebildet worden war. Einer von ihnen wurde schwerverwundet in die Heimat gebracht, der andere fiel bald darauf. So blieb ich als einziger von uns Neulingen am Leben.
Da ich angeblich jünger wirkte, als ich war, wurde ich von allen in der Kompanie nur »Pimpf« gerufen. In schwierigen Situationen fühlten sich die Älteren für mich verantwortlich, was mir oft sehr geholfen hat. Fast alle meine Kameraden waren verheiratet und erhielten im Laufe des Jahres 1942 Heimaturlaub. Ich war erst mit den letzten an der Reihe. Mein Heimweh war groß, und ich sehnte mich danach, meine Familie nach fast zwei Jahren endlich wiederzusehen.
Doch als wir am Morgen des 20. November 1942 unseren Urlaub antreten wollten, erreichte uns die Meldung, daß eine allgemeine Urlaubssperre verhängt worden sei. Der Grund: Wir waren eingeschlossen. Damit entschied sich mein weiteres Schicksal. Noch heute stelle ich mir die Frage: Was wäre mit mir geschehen, wenn ich den Urlaub vor der Sperre hätte antreten können?

Wie konnte es zu dieser Situation kommen?

Frühling 1942: Im Süden der Ostfront hatte die Frühjahrsoffensive begonnen, und wir verließen unser Winterquartier am Fluß Mius. Ein eigenartiger Krieg begann. Die deutschen Panzereinheiten stießen schnell vor, aber die Russen zogen sich nicht geschlossen zurück. In dieser Zeit geschah es oft, daß in einem Dorf noch sowjetische Soldaten lagen, während benachbarte Dörfer bereits von uns besetzt worden waren.

Einmal hatten wir in einem russischen Bauernhaus mit den typischen Lehmwänden übernachtet und waren morgens gerade im Begriff aufzubrechen. Meine Kameraden hatten die Hütte schon verlassen, nur ich kniete noch am Boden vor der Fensterluke und kämpfte mit dem Riemen meines Rucksacks, der sich nicht schließen ließ. Der Zugführer, der direkt vor dem Fenster stand und an die Scheibe klopfte, rief mir von draußen zu: »Beeilung, komm endlich heraus, Pimpf!«

In diesem Augenblick schlug das Geschoß eines Granatwerfers in unmittelbarer Nähe des Hauses ein. Ich warf mich auf den Boden, aber es blieb bei diesem einzelnen Schuß, der ungezielt auf unser Dorf abgefeuert worden war.

Draußen herrschte zuerst lautes Geschrei – dann lähmende Stille. Ich lief hinaus und sah, daß mehrere Kameraden tödlich getroffen worden waren.

Vor dem Fenster lag mein Zugführer, der mich eben noch gerufen hatte. Den Anblick werde ich nie vergessen: Ein großer Splitter hatte seinen Kopf von oben getroffen und steckte in seinem Körper. Ich hatte im letzten Jahr schon einige Tote gesehen, aber dieser Anblick eines gespaltenen Schädels war zu viel für mich. Mir wurde schwarz vor den Augen. Ich kann mich dann nur an Stimmen erinnern. Eine sagte, dreh ihn mal herum, ich will sehen, was er abbekommen hat. Dann eine andere Stimme: Ich glaube, er ist nur weggetreten. Ich fühlte etwas auf meiner Backe und blickte plötzlich in die Gesichter zweier Kameraden. Es war überstanden. Nur zwei Meter entfernt, nur durch eine Lehmwand von meinem Vorgesetzten getrennt, hatte ich lediglich ein paar Glassplitter abbekommen.

Wir fertigten Holzkreuze an, die ich mit den Namen der Gefallenen beschriftete. An diesem Tag verlor ich nicht nur

Als Melder auf dem neuen Drahtesel, den ich im Frühsommer 1942 erhalten hatte. Endlich mußte ich meinen Dienst nicht mehr zu Fuß verrichten.

meinen Vorgesetzten, sondern in ihm auch einen väterlichen Freund, der mir seit meinen ersten Tagen in Rußland in gefährlichen Momenten beigestanden und mir mehrmals das Leben gerettet hatte.

Der 23. Mai 1942 war ein schöner Frühlingstag. Ich erinnere mich gut – es war der Geburtstag meiner Mutter. Unsere Einheit befand sich wieder auf dem Vormarsch und folgte den vorauseilenden Panzereinheiten, wobei wir meistens etwa zehn Kilometer pro Stunde zurücklegten. Toni, der Bursche unseres Kompanieführers, war wie ich als Melder eingesetzt worden. Tags zuvor hatten wir jeweils ein neues Fahrrad er-

Unzählige Kameraden ließen auf dem Vormarsch nach Stalingrad ihr Leben und wurden an Ort und Stelle begraben.

halten – endlich blieb uns das schmerzhafte Laufen erspart! Allerdings hatte ich immer ein ungutes Gefühl, wenn ich bei der Ausführung von Befehlen dazu gezwungen war, an den schwitzenden Kameraden vorbeizufahren.

An diesem Vormittag gesellte sich Toni zu mir, und wir fuhren lange Zeit nebeneinander am Ende unserer Kompanie. Der Weg führte durch ein langgezogenes Tal – in dieser Gegend eine seltene Landschaftsform. Toni, der aus einem Bergdorf in Österreich stammte, erinnerte dieser Anblick an seine Heimat, und er begann, mir davon zu erzählen. Als er gerade eine Einladung für die Zeit nach dem Krieg ausgesprochen hatte, rief man den Befehl »Melder nach vorne« zu uns durch.

Ich war an der Reihe und wollte schon losfahren, als Toni mich mit den Worten »Ich muß sowieso mal zum Alten« zurückhielt und losfuhr.

Zwei bis drei Minuten später flog von hinten ein russischer Tiefflieger auf unsere Marschkolonne zu. Wir warfen uns rechts und links des Weges ins Feld. An der Spitze der Kompanie fiel eine einzelne Bombe. Einige von uns wurden verwundet. Unser Kompanieführer und mein Freund Toni waren tödlich getroffen. Wieder versah ich zwei Holzkreuze mit den Namen der Gefallenen, und wieder hatte ich einen guten Kameraden und Freund verloren. Auf sein Kreuz schrieb ich: »Wir werden dich nicht vergessen.«

In den darauffolgenden Wochen beschleunigten wir unseren Vormarsch. Manchmal kamen wir so schnell voran, daß sich versprengte sowjetische Einheiten plötzlich hinter uns befanden. Noch immer existierte keine geschlossene Front. Einmal wurden wir plötzlich aus dem Hinterhalt durch Beschuß aus »Stalinorgeln« am Weitermarsch gehindert. So nannten wir die Katjuschas, sowjetische Raketenwerfer mit zahlreichen Abschußgestellen, die auf Lastwagen montiert sind. Die Länge der Raketen erinnerte an Orgelpfeifen. Das ununterbrochene Geheul und die enorme Sprengwirkung hatten, ähnlich wie die deutschen Sturzkampfbomber – »Stukas« –, eine erhebliche Schockwirkung. Doch es gelang, die versprengte sowjetische Einheit einzukreisen und zur Aufgabe zu zwingen.

Ein anderes Mal wählten wir nach langem Tagesmarsch erst bei Dunkelheit eine schmale Schlucht als Nachtquartier aus. Ich wollte kurz austreten und ging den Hang hinauf. Von oben sah ich auf eine zweite Schlucht, in der Russen biwakierten. Als ich dies meinem Kompanieführer meldete, fielen bereits die ersten Schüsse. Die Russen hatten uns gehört und griffen an. Geschoße pfiffen um unsere Köpfe. Es begann ein Kampf von Mann zu Mann, doch in der Dunkelheit konnten wir nichts erkennen. Einige Kameraden nahmen sich meiner an, und wir schwärmten aus, wie es befohlen worden war. Im Licht der Morgendämmerung sahen wir eine Artilleriestellung. Zunächst konnten wir nicht erkennen, ob es Deutsche

Im späten Frühjahr 1942 auf dem Vormarsch zur Wolga. Im Hintergrund ist eines der typischen Bauernhäuser dieser Gegend zu sehen.

oder Russen waren. So schlichen wir uns langsam heran ... Es waren unsere Leute.

Als es hell wurde, strömten unsere Soldaten aus verschiedenen Richtungen zusammen. Auf beiden Seiten waren Tote und Verwundete zu beklagen. Die Russen hatten ihren gesamten Troß in der zweiten Schlucht zurückgelassen und waren in der Dunkelheit geflohen. Sie wurden später von unseren nachrückenden Truppen zur Aufgabe gezwungen.

Ende Juni überquerten wir eine von unseren Pionieren gebaute Pontonbrücke über den Donez. Wir folgten den Panzertruppen, die teilweise auf starken Widerstand gestoßen

Auf dem Vormarsch

Mai 1942: Ich backe Kuchen. Einen Teil der Zutaten hatte mein Kamerad Peter von seinem Heimaturlaub mitgebracht.

waren und die Sowjets zur Flucht gezwungen hatten. So hatten wir mit diesen Kampftruppen keine Berührung.

Aber infolge unseres schnellen Vormarsches wurden immer wieder versprengte sowjetische Soldaten von ihren Einheiten abgeschnitten und stellten nun eine Gefahr für uns dar. Sie versteckten sich in Getreidefeldern oder im hohen Gras neben der Straße und eröffneten plötzlich aus dem Hinterhalt das Feuer.

An einem Tag traf es unsere Kompanie besonders hart. Wir waren den ganzen Vormittag den deutschen Panzerspitzen hinterher gehetzt. Nach Erledigung eines Auftrages fuhr ich zurück zu meiner Kompanie, die gerade eine kurze Rast eingelegt hatte. Die meisten Kameraden meines Zuges lagen ausgestreckt auf dem Boden und schliefen, den abgelegten Stahlhelm als Stütze im Nacken.

Ich legte mein Fahrrad auf den Boden und setzte mich zu Walter, der auf seinem Rucksack hockte und gerade seine Schuhe auszog Als er seine Fußlappen abwickelte, bemerkte ich seine blutunterlaufenen Blasen an beiden Füßen.

»Sei froh, daß dir das nicht passieren kann«, meinte er. Walter war ein älterer, allseits beliebter Obergefreiter, den ich schon seit meiner Einweisung in unsere Truppe kannte. Nachdem ich mir bei unserem Zugführer die Erlaubnis eingeholt hatte, überließ ich Walter für den Weitermarsch mein Fahrrad. Ich bat ihn aber, in der Nähe unseres Zuges zu bleiben, damit das Rad bei Bedarf sofort zur Verfügung stehen würde.

Einige Soldaten, die den erlittenen Strapazen nicht mehr gewachsen waren, wurden für einen Rücktransport ausgesondert. Dann setzte sich unsere Einheit wieder in Bewegung. Neben mir ging ein Soldat aus dem letzten Nachschub, den ich noch nicht kannte. Er erzählte mir, daß er aus Glogau stamme und mit drei weiteren Brüdern aufgewachsen sei. Der Älteste sei im Frankreichfeldzug gefallen, der Zweitälteste im Winter 1941 vor Leningrad. Der Jüngste sei erst 15 Jahre alt und noch zu Hause bei den Eltern. Er selbst sei von einer rückwärtigen Besatzungseinheit gekommen.

Bevor er weitersprechen konnte, war hinter unserem Zug eine Handgranate detoniert und rechts der Straße wurde aus einem hohen Sonnenblumenfeld Gewehrfeuer eröffnet. Wir warfen uns auf den Boden, so daß die Kugeln über uns hinweg pfiffen. Unsere Kompaniespitze erkannte schnell die Situation: Russische Scharfschützen hatten uns angegriffen. Sie wurden eingekreist und schnell außer Gefecht gesetzt.

Während ich mich wieder aufrichtete, bemerkte ich, daß mein noch am Boden liegender Kamerad, mit dem ich mich eben unterhalten hatte, verwundet war. Unter seinem Stahlhelm trat Blut hervor, das am Hals herunterlief. Ich ahnte, daß Eile geboten war und rief laut nach unserem »Sani«, dessen Stimme ich am Ende unseres Zuges ausgemacht hatte. Er kam eigenartig schnell und sah mich erstaunt an. Dann stellte er bei dem Verwundeten eine Kopfverletzung fest und versuchte die starke Blutung zu stillen. Hierbei blickte mich der Verwundete an und stammelte mühsam das Wort »Tasche«. Ich fühlte, was er mir sagen wollte und deutete auf seine linke Brusttasche, in der ich dann auch fand, was ich vermutet hatte: Einen Brief an seine Eltern. Als ich ihm dann seinen verschlossenen Brief zeigte, gab ich zu verstehen, daß ich ihn weiterleiten werde. Kurze Zeit später erfuhr ich vom »Sani-Peter«, daß der Soldat verstorben war. Gleichzeitig erfuhr ich, was ich fast geahnt hatte: Der Obergefreite Walter war ebenfalls tot. Auf dem Fahrrad sitzend war sein Körper wohl ein auffallendes Ziel für die Scharfschützen im Sonnenblumenfeld gewesen. Die Handgranate war direkt unter dem Fahrrad explodiert.

Später übergab ich unserem Kompanieführer den Brief des toten Kameraden, wobei ich ihm auch mitteilte, daß bereits zwei seiner Brüder gefallen seien. Auf seine Frage, woher ich das wüßte, berichtete ich über unser Gespräch in den letzten Minuten vor dem Überfall.

Es war üblich, daß der Kompanieführer beim Tod eines Soldaten einen Kondulenzbrief an die Angehörigen schrieb. In diesem Fall wurde der verschlossene Brief des Soldaten an seine Eltern beigefügt.

Als der Kompanieführer von mir wissen wollte, warum ich das Fahrrad weitergegeben hätte, klärte ich ihn über die Fußprobleme des Obergefreiten Walter auf. Er sah mich an und meinte: »Tatsächlich, die anderen haben recht, du hast wohl einen ganz besonderen Schutzpatron.«

An diesem Tag wurden in unserer Kompanie zwanzig Soldaten verletzt oder getötet.

So mußte ich von nun an wieder laufen. In den folgenden Tagen kreisten meine Gedanken immer wieder um den Obergefreiten. Viel später hat mir der Sanitäter Peter eingestanden, daß er mich für den Toten neben dem zertrümmerten Fahrrad gehalten hatte. Wir beide kannten uns seit Beginn des Feldzuges und hatten im vergangenen Jahr viele gemeinsame Erlebnisse überstanden. So hatten wir uns angefreundet. Und dies erklärte auch seinen Schock, als er plötzlich mit lauter Stimme von mir nach vorne gerufen wurde.

Unser schneller Vormarsch führte in den nächsten Tagen zu Schwierigkeiten beim Nachschub. Seit die Wege sich verlängerten, geriet die Verpflegung für uns Soldaten immer mehr ins Stocken. In diesem Falle waren die Soldaten gezwungen, das Problem selbst zu lösen. Im ersten Jahr des Feldzuges in der Ukraine wurden Soldaten, die Diebstahl begangen, noch bestraft. Das änderte sich jetzt schlagartig, als unsere normale Verpflegung ausblieb. Auf den Feldern gab es Kartoffeln, Rüben, Zwiebeln und in den wenigen Dörfern wurden Hühner, Enten und Gänse »organisiert«. Dieses Requirieren bereitete vielen von uns – zumindestens anfangs – Schwierigkeiten, weil wir aufgrund unserer Erziehung Hemmungen hatten, der einheimischen Bevölkerung etwas wegzunehmen. Erst nach meiner Rückkehr in die Heimat nach dem Krieg erfuhr ich, wieviel stärker die Moral der deutschen Soldaten im Verlauf des weiteren Krieges noch sank, insbesondere später beim Rückzug.

Mitte Juli 1942 bewegten wir uns auf die Donschleife zu. Wir erreichten eine endlose, dürre Steppenlandschaft vor einem weiten, grenzenlosen Horizont. Ständig mußten wir uns beeilen, den motorisierten Einheiten schnell genug zu folgen. In dieser Zeit legten wir mitunter fünfzig bis sechzig Kilometer an einem Tag zurück. Es herrschte ein Klima wie in Afrika. Das Thermometer stieg tagsüber auf vierzig, mitunter sogar bis über fünfzig Grad und fiel nachts bis in die Nähe des Gefrierpunktes. Die Panzerketten wirbelten in dieser Sandsteppe riesige Staubwolken auf, so daß sich auf unseren verschwitzten Gesichtern eine dunkle Kruste bildete.

In dieser Zeit litten wir unter schrecklichem Durst. Die Flüssigkeit, die wir morgens und abends von der Feldküche erhielten, reichte bei weitem nicht aus. Der Inhalt der Feldflasche konnte tagsüber den brennenden Durst nicht stillen. Das Wasser der wenigen Brunnen war meistens schmutzig und ungenießbar, manchmal sogar vergiftet. Doch die Hitze war so stark und der Durst so quälend, daß mancher Soldat nicht widerstehen konnte und verdorbenes Wasser aus Pfützen trank. Die Folge waren dann Magen- und Darm-Probleme, die zum Kreislaufzusammenbruch führen konnten.

Trotz der schweren Kämpfe und großen Strapazen in dieser Wüste herrschte unter uns zu dieser Zeit eine relativ gute Stimmung. Dies hing mit unseren zurückliegenden Erfolgen und der geschickten Propaganda unserer Führung zusammen. Wir waren optimistisch und vertrauten allen Erklärungen, wonach dem Kampf gegen den Bolschewismus nur die edelsten Motive zugrundelagen.

Bereits Mitte Juli war die 6. Armee über den Angriff auf Stalingrad informiert worden. Ende Juli beobachteten wir schwere Luftkämpfe am Himmel in Richtung des Don. Nach weiteren zwei Wochen war der große Donbogen frei von Widerstandsnestern der sowjetischen Verbände. Mitte August erkämpften die deutschen Einheiten den Flußübergang. Nachdem die ersten Infanteriedivisionen in Sturmbooten vorausgeeilt waren und Brückenköpfe gebildet hatten, folgten wir den Panzereinheiten über die errichteten Pontonbrücken. Dabei wurden wir von russischen Fliegern bombardiert; auch hier begleiteten uns ständig das Heulen der »Stalinorgeln« und die Einschläge der Katjuscha-Raketen.

Nun lag die Don-Wolga-Front vor uns. Am 19. August hatte Generaloberst Paulus, der Oberbefehlshaber der 6. Armee, den Befehl zum Angriff auf Stalingrad gegeben. Gegen zähen Widerstand der sowjetischen Armee rückten die Truppen am darauffolgenden Tag mit zwei Heeresgruppen durch die Kalmückensteppe vom Don in Richtung der sechzig Kilometer entfernten Wolga vor. Die dürre Steppe ermöglichte den Panzereinheiten ein schnelles Weiterkommen.

Rumänische und italienische Einheiten sicherten die Flanken der Truppenteile, die nach Stalingrad vordrangen. Obwohl seitens unserer Generäle immer wieder auf die Schwächen an den Flanken hingewiesen worden war – Ausrüstung und Ausbildung der Verbündeten waren teilweise unzureichend –, wurden keine Konsequenzen gezogen.

Am 23. August griff die deutsche Luftflotte die Stadt an. Russischen Angaben zufolge wurden dabei 40 000 Menschen getötet. Die Öltanks am Wolga-Ufer wurden getroffen; wir nahmen aus der Ferne die hohen Rauchsäulen über Stalingrad wahr. Zur gleichen Zeit bewegten sich unsere Panzereinheiten weiter über die Steppe vorwärts und erreichten abends im Norden der Stadt die Wolga. Anfang September stießen

Nachdem am 9. September 1942 deutsche Panzerkräfte in den Nordteil der Stadt eingebrochen waren, begann die geschlossene, sichtbare Front sich aufzulösen. Aus allen Richtungen ist jetzt mit dem Gegner zu rechnen; um jede Fabrikhalle und jedes Haus wird gekämpft.

Plötzlich sind wir in einen ungewohnten Häuserkampf verstrickt. Diese Situation hatten die deutschen Soldaten nicht geübt. Die Wehrmachtsführung setzte bisher auf Blitzkrieg aus der Bewegung heraus.

unsere Panzereinheiten auch im südlichen Teil der Stadt vor. Damit wurde der Ring um Stalingrad geschlossen. Am 12. September begann die deutsche Offensive mit Artilleriebeschuß gegen die Höhe 102, einem westlich vor Stalingrad gelegenen, strategisch wichtigen Punkt zur Eroberung sowjetischer Stellungen in der Stadt.

Nach tagelangen Kämpfen, während der die Besitzer mehrmals wechselten, besetzten wir diese Höhe und damit auch das so genannte »Bergufer«, eine Höhenstufe, die westlich entlang der Wolga verläuft. Ich bin mir heute ziemlich sicher, daß es der oft zitierte Mamai-Hügel war, von dem aus wir zum ersten Mal Stalingrad vor uns liegen sahen. Die Stadt, mit deren Einnahme angeblich unser Ziel erreicht sein und das Kriegsende bevorstehen sollte. Mit dem Fall dieser Stadt sollte der gesamte Süden des Landes abgeschnitten werden. Der Russe würde seine wichtigste Verkehrsader verlieren, über die alle Güter aus dem Kaukasus teils bis Moskau transportiert werden.

Stalingrad erstreckte sich damals mit seinen Vororten mehr als dreißig Kilometer am Westufer der Wolga entlang, aber nur etwa sechs Kilometer weit ins Landesinnere. Die hier eineinhalb Kilometer breite Wolga schützte die Stadt vor einer völligen Umschließung. Auffallend war die unterschiedliche Bebauung. Hier lebten damals 500 000 Einwohner, zum großen Teil in kleinen Holzhäusern, manchmal wie in dörflichen Siedlungen.

Dazwischen erhoben sich gewaltige Gebäude. Große Verwaltungsbauten, hohe Getreidesilos, Industrieanlagen, Rüstungs- und Traktorenwerke sowie riesige Ölraffinerien prägten das Bild dieses wichtigen Verkehrsknotenpunktes an der Wolga.

Als wir die Höhenstufe überquerten, war klare Sicht. So konnte die nach Stalingrad abfallende Rollbahn von den Russen eingesehen werden. Wir hatten keinerlei Deckungsmöglichkeiten, als wir plötzlich von Stalinorgeln, die jenseits der Wolga standen, beschossen wurden. Unser »Sani« – Sanitätsunteroffizier Peter Sch. – ging neben mir. Als das Heulen der Katjuschas einsetzte, zog er mich in eine kleine Mulde neben der Rollbahn. Da aber dieser Platz nicht für zwei Mann ausreichte, legte er sich teils über mich, wodurch sich beim Einschlag der Raketen ein zusätzlicher Schutz vor den umherfliegenden Splittern für mich ergab.

Viele Kameraden wurden von Splittern getroffen und ich erlebte, wie sie zusammensackten. In einer Feuerpause befahl mir Peter, loszulaufen und die Kompanie einzuholen. Er selbst blieb zurück – er mußte die nach einem »Sani« rufenden Verwundeten versorgen. An diesem Tag erreichte unsere Einheit unter großen Verlusten an Verwundeten und Toten die ersten Vororte der Stadt.

Am Abend sah ich Peter wieder und bedankte mich für seine Hilfe. Damals erkannte ich noch nicht, wie sehr er sich für mich verantwortlich fühlte. Bei seinem Heimaturlaub im Sommer 1942 war es zu einem Kontakt mit meinen Eltern gekommen und er hatte beim Abschied versprochen, auf mich aufzupassen. Seitdem behandelte er mich wie seinen jüngeren Bruder. Damals wusste ich auch noch nicht, daß er in großer Sorge um seinen eigenen jüngeren Bruder war. Heute bin ich mir sicher, daß er diese Sorge auf mich übertragen hatte. Seinem Bruder hat er nicht helfen können, aber ihm habe ich es zu verdanken, daß ich die Strapazen des vor uns liegenden Jahres überleben durfte.

Als Melder ergab sich für mich oft Kontakt zu höheren Dienststellen, wo über die aktuellen Verhältnisse und die Befehle des Oberkommandos der Wehrmacht diskutiert wurde. So erfuhr ich oft mehr als andere Soldaten meiner Einheit. Bei den Führungsstäben vertrat man zum Beispiel die Auffassung, daß unsere Truppen kräftemäßig nicht ausreichten, daß sie anders gegliedert und anders ausgerüstet sein müssten. Tatsächlich wurden dann schon kurze Zeit später aus der Heimat und von deutschen Verbänden, die an den Flanken des Don und der Kalmückensteppe lagen, Soldaten abgezogen und zu uns verlegt.

Allerdings sollte sich dies schon wenige Wochen später rächen. Infolge der Aufstockung in der Stadt wurden die Flanken weiter geschwächt und damit verwundbarer.

Auch unsere Kompanie, die erst im August 1942 vor dem Marsch nach Stalingrad auf 220 Soldaten aufgestockt worden war, wurde nun erneut auf volle Stärke gebracht, nachdem

Bei den Straßenkämpfen sind die üblichen Kriegstaktiken nicht mehr anwendbar. Jetzt überlebt nur, wer Glück hat.

Um jedes Haus, jede Fabrikhalle, um Mauern, Keller, um jeden Trümmerberg tobt der Kampf. Wer das Treppenhaus besitzt, dem gehörte das Haus. Die Landser nannten diesen Kampf »Rattenkrieg«.

wir bis Mitte September schon wieder die Hälfte der Soldaten verloren hatten. Besonders hoch waren die Verluste bei Neuzugängen, die meist jung und unzureichend ausgebildet waren.

Ab Mitte September lagen wir in Stalingrad-Mitte, wo unsere Einheit in Kämpfen an einem Panzergraben, einer Fliegerschule und einem Traktorenwerk eingesetzt wurde. Wochenlang kämpften wir an einem Gebiet, das von uns »Tennisschläger« genannt wurde, weil dort eine große Eisenbahnschleife aus der Luft so aussah. Hier befand sich ein weiträumiges Eisenbahnnetz, das ein Industriegebiet am Fuße des Mamai-Hügels versorgte und mit Fabriken an der Wolga, wie »Roter Oktober« und »Barrikaden« verbunden war.

Nach verheerenden Angriffen der deutschen Luftwaffe war der »Tennisschläger« nur noch ein albtraumhaftes Durcheinander von Trümmern aus Stahl und Beton. Trotzdem tobte um dieses Gebiet fast pausenlos ein zermürbender und verlustreicher Kampf, wobei der Besitzer dauernd wechselte.

Allein am 25. September 1942 verlor unsere Division hier durch Tod und Verletzung 750 Soldaten.

Unsere Armeeführung war davon ausgegangen, daß Stalingrad in einem Handstreich zu nehmen sei. Doch diese Erwartungen waren unerfüllbar. Unsere Divisionen erlitten große Verluste und der Nachschub erreichte uns jetzt immer unregelmäßiger.

Zwar gelang es den deutschen Truppen im September bis in das Zentrum Stalingrads vorzustoßen und den Hauptbahnhof und das Wasserwerk zu besetzen. Aber hier in der Stadt versagten die zuletzt noch in der Steppe vor Stalingrad erfolgreichen Bewegungskämpfe. Plötzlich befanden wir uns in einem ungewohnten Stellungskrieg, der uns in der Ausbildung nicht vermittelt worden war. Beim Straßenkampf in den Trümmern der Stadt waren kaum noch Operationen größerer Verbände durchzuführen. Ein gemeinsamer Einsatz von Luftwaffe, Panzer- und Infanterieeinheiten war nicht mehr möglich. Hier in der Stadt konzentrierte sich der Kampf jetzt auf viele kleinere Konfrontationen, die auf Gruppen-, Zug-, oder Kompanie-Ebene auszutragen waren. Das Schlachtfeld verkleinerte sich, aber die Kämpfe wurden heftiger und mitunter auch brutaler. Um jedes Haus und jede Fabrikhalle, um Mauern und Keller, um jeden Trümmerberg wurde gekämpft. Viele Soldaten fanden sich in den Nahkämpfen auf Leben und Tod nicht mehr zurecht. Zunächst wurde mit Pistolen und Handgranaten gekämpft. Ging die Munition aus, kam es mit aufgesetztem Bajonett zum Kampf Mann gegen Mann. Manchmal mußten sogar Messer, Spaten und Steine als Waffe dienen. So überlebt jetzt nur, wer Glück hatte. Die deutschen Soldaten erkannten, daß hier ein anderer Krieg geführt wurde. Sie gaben ihm den Namen »Rattenkrieg«.

Es kam vor, daß in manchen Gebäuden die Rotarmisten den Keller, die Deutschen das Erdgeschoß und die Rotarmisten wieder die oberste Etage besetzt hatten. Die Sowjets verhinderten so eine Besetzung der ganzen Stadt.

Hartnäckig verteidigte die rote Armee wichtige Brückenköpfe und wurde so über die Wolga ständig mit Nachschub und neuen Kräften versorgt, die uns immer wieder in zähe Häuserkämpfe verwickelten. Die Deutschen waren nicht in der Lage, die Zuführung über die Wolga zu unterbinden.

Trotzdem wurde bis Mitte Oktober dreiviertel der Stadt eingenommen und an einigen Gebäuden die Reichskriegsflagge gehisst. Als der Sieg zum Greifen nahe schien, ging der Russe nochmal zum Gegenangriff über.

Jetzt überschlugen sich in kurzer Zeit die Ereignisse. Mitte Oktober 1942 wurde der russische Widerstand immer heftiger. Auch am »Tennisschläger« begann erneut ein Großangriff der Roten Armee. Hier wurden russische Soldaten in immer neuen Wellen gegen uns gehetzt. Sie mußten im Kugelhagel der Deutschen sterben oder wurden hinterrücks von Kommissaren oder Vorgesetzten als Deserteure erschossen. Als ich das erlebte, wurde mein Schmerz zur Wut und ich verfluchte die Sinnlosigkeit dieses verdammten Krieges.

An allen Stellen der Stadt erfolgten von beiden Seiten bis Ende Oktober heftige Angriffs- und Abwehrschlachten. Immer häufiger waren jetzt Befehle der Heeresführung überholt und konnten nicht mehr ausgeführt werden.

Als die Fernsprechverbindungen durch Granatwerferbeschuss ständig unterbrochen waren, setzte man verstärkt

Oktober 1942. Einheiten der deutschen Infanterie durchkämmen freigekämpfte Straßenzüge. Stalingrad ist zu großen Teilen eingenommen. Der Sieg war zum Greifen nahe, aber dann überschlugen sich in kurzer Zeit die Ereignisse. Immer häufiger waren die Befehle des OKW überholt und konnten nicht mehr befolgt werden.

Ein aufwendiges Gräberfeld am Rande Stalingrads zeugt bereits im Herbst 1942 von den hohen Verlusten deutscher Einheiten. Noch nahm man sich Zeit, die Toten zu begraben. Nach dem Krieg ebneten die Sowjets alle diese Gräber ein.

Melder ein. Anstelle des Gewehrs, welches beim Durchqueren der Trümmerlandschaft sehr hinderlich war, hatte ich inzwischen eine Pistole für meine Verteidigung erhalten.

Auf einem Meldegang traf ich auf einen Unteroffizier, der nur noch herausbrachte: »Die Russen« ... als im gleichen Moment auch schon ein MG-Feuer auf uns eröffnet wurde. Ich drehte mich zur Seite und wollte in Deckung gehen. Dabei stolperte ich über Geröll, fiel hin und rutschte in einen Granattrichter. Als das MG-Feuer verstummte, verhielt ich mich ganz ruhig. Ich hoffte, daß die Russen meine Deckung im Trichter nicht bemerkt hatten und mich niedergestreckt im Geröll vermuteten. Den Unteroffizier konnte ich nicht sehen, aber ich wagte nicht, zu rufen. Etwas später wurde es dunkel. Ich wartete eine weitere Stunde ab, bevor ich ganz langsam über den Rand des Trichters kroch. Als ich danach in die Richtung weiterkroch, aus der ich gekommen war, stieß ich nach wenigen Metern auf den Unteroffizier. Er war tot, eine MG-Salve hatte ihn im Rücken getroffen. Später erfuhr ich, daß er mir nachgeschickt worden war; er sollte mich zurückholen, weil die Russen in unserem Abschnitt eingebrochen waren.

Dieses Erlebnis, bei dem ein Mensch sein Leben lassen mußte, weil er mich warnen wollte, belastete mich in den Folgetagen sehr. Immer wieder begann ich zu grübeln, warum ich erleben muss, daß ein alter Kamerad unter solchen Umständen stirbt.

In den letzten Wochen hatte ich auch viele tote russische Soldaten gesehen, darunter oft junge Menschen, die nicht älter waren als ich selbst. Das alles versetzte mich in große Nöte. Ich begann zu beten, daß diese Schlacht und das Sterben der Menschen endlich beendet würde. Man hatte uns doch versprochen, daß mit dem Fall von Stalingrad der Krieg zu Ende gehen würde.

Als in den Folgetagen die Melder kaum noch lebend durchkamen, setzte sich Sanitätsunteroffizier Peter dafür ein, daß auf unserem Abschnitt die Meldertätigkeit zunächst eingestellt wurde. Jetzt versuchte man es erneut mit Funk, was aber zwischen den Trümmerbergen und Ruinen mit großen Schwierigkeiten verbunden war.

Insgesamt war die Lage unübersichtlich geworden, seit der Russe an verschiedenen Stellen eingebrochen war. Es schien jetzt zum Beispiel zweckmäßig zu sein, nur bei Dunkelheit austreten zu gehen. Als ich einmal in einer vermeintlich sicheren Keller-Nische Platz genommen hatte, erblickte ich in ca. 6 Meter Entfernung einen jungen Russen, der sich in gleicher Absicht zu weit auf »unser Gebiet« verirrt hatte. Er hatte mich wohl schon, bevor ich saß, ausgemacht und sich ganz still verhalten. Er sah mich wie versteinert, vielleicht aber auch erschrocken an. Als ich nichts unternahm, um meine neben mir abgelegte, entsicherte Pistole zu ergreifen, zeigte er auf sein Gewehr, das mindestens drei Meter von ihm entfernt, auf dem Boden lag. Mit Handzeichen machte er mir verständlich, daß er dieses nicht benutzen wollte. Danach zeigte er auf meine Waffe und bewegte eine flache Hand mehrmals auf und ab, was von mir so gedeutet wurde, daß ich ebenso ruhig bleiben und die Waffe liegenlassen sollte. Ich war zunächst überrascht, nickte dann aber zustimmend und brummelte ein »O.K.«

Als wir beide aufgestanden waren, kam er auf mich zu und gab mir eine Zigarette. Obwohl ich Nichtraucher bin, wies ich diese Zigarette nicht zurück. Hier standen sich in diesem Moment keine Feinde gegenüber. Er legte kurz seine Hand auf meine Schulter und dann einen Finger zum Gruß an seine Mütze. Dann hob er seine Waffe auf und verschwand im Dunkel der Trümmerhaufen

Erst jetzt wurde mir bewusst, daß ich mich instinktiv richtig verhalten hatte. Bei Wahrnehmung meiner Vorteile in dieser Situation wäre es ein Mord gewesen, wenn ich ihn erschossen hätte. Aber würden das meine Kameraden genauso sehen?

Als ich wieder zu meinen Leuten zurückkehrte, merkten die sofort, daß bei mir etwas nicht stimmte. So erzählte ich mein Erlebnis und gab die Zigarette einem Raucher. Ich war erleichtert, als mir alle bestätigten, daß mein Verhalten richtig war.

Im November nahmen die Straßen- und Häuserkämpfe ab, ab 13. November wurden sie ganz eingestellt. In dieser Zeit begann das Vertrauen der Soldaten in unsere Führung nachzulassen. Die Soldaten resignierten und stellten sich auf einen Verteidigungskrieg ein. Jetzt bestand die Absicht, eine feste starke Front für den Winter zu schaffen. Dabei war auch vorgesehen, die unsicheren, langen Flanken im Rücken von Stalingrad wieder zu verstärken. Doch dazu sollte es nicht mehr kommen.

Ohne jeden Übergang brach Mitte November große Kälte über uns herein. Von einem Tag zum anderen herrschten plötzlich 16 Grad unter Null. Unsere Kleidung hatte dem eisigen Wind wenig entgegenzusetzen. Gemäß einem Armeebefehl sollten taugliche Wintersachen bis zum 20. November ausgegeben werden, doch die Truppen erreichte nur normale, für den russischen Winter nicht geeignete Bekleidung. Diese noch dazu kleinen Mengen reichten bei weitem nicht aus. So mußten die Soldaten der 6. Armee ohne Winterbekleidung auskommen.

Erst nach meiner Rückkehr in die Heimat erfuhr ich, daß am großen Don-Bogen, in Millerowo und sechs weiteren Orten, mehr als 100 000 Pelzmäntel und 50 000 Paar Filzstiefel lagerten. Dort befanden sich auch riesige Vorräte an Tuchmänteln, Uniformen, Kopfschützern und Pulswärmern, ferner große Mengen warmer Unterwäsche sowie Handschuhe und Strümpfe. Hunderte von Verwaltungsinspektoren und die Inhaber weiterer Dienstgrade hatten auf diesem Operationsgebiet ihren eigenen Krieg geführt – einen unsinnigen Papier- und Verwaltungskrieg. Hundert Kilometer von Stalingrad entfernt verfügten Zahlmeister, Schreiber, Kammerpersonal und Wachtposten über warme Bekleidung und trugen sogar Pelzmäntel. Von allem war genügend vorhanden – nur erreichte es die kämpfende Truppe nicht. Nicht einmal die Unterstützung, die speziell für die 6. Armee in der Heimat gesammelt worden war, kam bei uns an. Die Winterbekleidung war wegen der überlasteten Nachschubstrecke in Lemberg, Kiew und Charkow steckengeblieben.

In der zweiten September-Hälfte schien für die Deutschen der Sieg um Stalingrad greifbar nahe. Das Zentrum der Stadt war genommen, Hauptbahnhof und Wasserwerk waren in deutscher Hand und Truppen hatten das Wolga-Ufer erreicht. Beschilderungen wurden notwendig.

Eingekesselt

Mitte November standen im Rücken der 6. Armee in der Steppe nordwestlich und südöstlich von Stalingrad mehr als eine Million Rotarmisten zur Gegenoffensive bereit. Diese Abschnitte, die von mit Deutschland verbündeten Rumänen, Ungarn und Italienern gehalten wurden, galten bei uns als besonders schwach. Hier wollten die Russen die Front durchbrechen und die 6. Armee einkesseln. Am 19. November tobte um Mitternacht ein schwerer Schneesturm. In dieser Nacht durchstießen die Sowjets auf der Landbrücke zwischen Don und Wolga mit einer ungeheuren Übermacht an Menschen und Material die Flanken des Keils nach Stalingrad. Zuerst brach an der Nordflanke die Hölle los. Mehr als 1000 Geschütze und Mörser, ebensoviele Flugzeuge warfen Feuer und Stahl auf die Frontlinien der mit den Deutschen Verbündeten. Eine 3 km breite Flammenwand wälzte sich über Unterstände hinweg von Osten nach Westen. Gruppen, Kompanien und ganze Regimenter verschwanden im Schnee oder in der Luft. Dann folgten Panzer und erledigten den Rest. Am 22. November trafen sich die sowjetischen Heeresgruppen in der Südwestflanke der 6. Armee. Drei Tage später stand dann endgültig fest: 3000 Kilometer von der Heimat entfernt waren 300 000 deutsche Soldaten und Verbündete von feindlichen Truppen eingeschlossen. Die strenge Kälte nahm von Tag zu Tag zu.

Die eingeschlossenen deutschen Generäle empfahlen den sofortigen Ausbruch. Doch Hitler ordnete an, die Armee habe sich zu verschanzen und Hilfe abzuwarten Er war der Ansicht, daß diese russische Großoffensive ein letzter Versuch der ausgebluteten Roten Armee sei, die Deutschen zu treffen. Er glaubte, mit einer Einigelung der Deutschen die letzten Kräfte der Sowjets binden zu können. Dabei wollte er nicht wahrhaben, daß durch den tiefen Vorstoß in die endlosen Weiten Russlands unsere Versorgung an Menschen und Material nicht mehr gewährleistet war.

Tatsächlich hatte der Russe die Zeiten seiner Rückzüge dazu benutzt, im östlichen Hinterland eine gewaltige Rüstungs-

Am 19. November 1942, nach dem ersten starken Schneetreiben, beginnt die sowjetische Gegenoffensive. Rund eine Million Soldaten, 13.500 Geschütze und mehr als 1.000 Flugzeuge sowie etwa 900 Panzer durchbrechen im Rücken der 6. Armee die deutschen Frontlinien.

Viele Gebäude, die bereits durch die schweren deutschen Angriffe stark zerstört sind, werden jetzt durch russische Fliegerbomben, Artilleriebeschuss und Panzergranaten vollends eingeebnet.

Eingekesselt 33

Deutsche Soldatengräber vor einem Kaufhaus (heute Hotel »Intourist«) in Stalingrad-Mitte.

Bespannte Einheiten transportieren den immer knapper werdenden Nachschub von den zwei Flughäfen in die Stadt. Nun sind auch die gedrungenen russischen Panjepferde den enormen Strapazen nicht mehr gewachsen. Die deutschen Pferde waren längst verzehrt. Zuletzt wurden vor Hunger selbst die Hufe ausgekocht und Suppe davon gemacht.

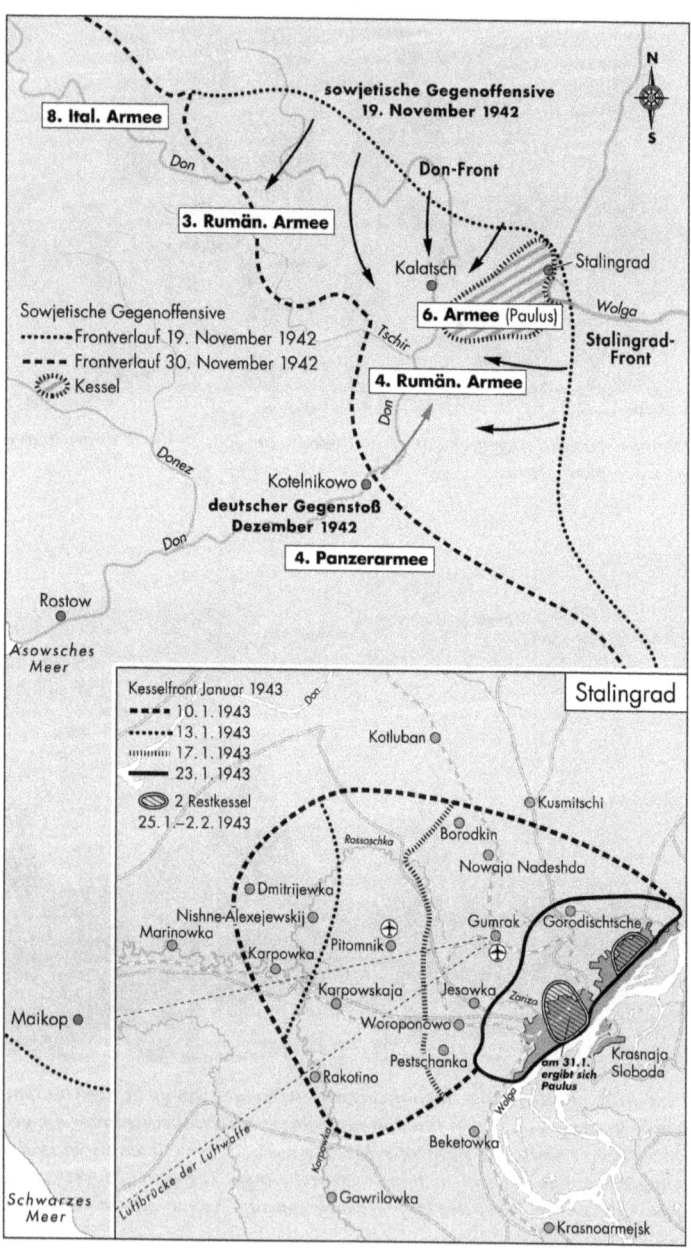

produktion aufzubauen. Im Gegensatz zu den Deutschen versetzten große Menschenreserven ihn auch in die Lage, immer wieder frische Truppen bereitzustellen.

Infolge dieser Fehleinschätzung bahnte sich ein Inferno von ungeheuerlichen Ausmaßen an. Durch scharfes Nachdrängen wurden die Deutschen und ihre Verbündeten Schritt für Schritt ostwärts in Richtung Wolga gedrängt. Fieberhaft versuchten wir, neue Verteidigungslinien auszubauen, doch diese erwiesen sich schnell als unzulänglich. Mit schwersten Waffen hämmerte der Gegner auf die geschwächte Kesselfront ein. Bittere Kälte und eisige Winde mit schweren Schneestürmen aus dem Osten zehrten immer mehr an unseren Widerstandskräften.

Die Oberste Heeresleitung hatte Hilfe versprochen, und getrieben von dieser Hoffnung versuchten wir immer wieder, das Feld zu behaupten. Zermürbt von Frost und Hunger, ließen sich die versprengten Soldaten für ein kleines Stückchen Brot und im Vertrauen auf Rettung von außen immer wieder zum Einsatz bewegen. Doch diese Rettung traf nicht ein; das elende Massensterben nahm seinen Lauf.

Da die Verpflegungstrosse und schweren Geschütze auf den ständigen Rückzügen infolge von Treibstoffmangel zurückgelassen werden mußten, standen wir bald völlig mittellos da. Die Russen machten von ihrer Übermacht und Stärke ausgiebig Gebrauch und zogen die Schlinge immer weiter zu. Die Deutschen führten die Verteidigung bei eisiger Kälte im offenen Gelände, allenfalls Schneelöcher standen zu ihrem Schutz zur Verfügung. Diese Abwehrkämpfe waren wohl die schwersten, die bis dahin in Rußland stattgefunden hatten.

Wer verwundet liegenblieb, den nahm der Tod in seine Arme. Bei diesen pausenlosen Kämpfen lichteten sich unsere Reihen immer mehr. Ganze Verbandsplätze und Feldlazarette fielen in die Hände der Russen. Ein Abtransport der Verletzten war nicht mehr möglich. Schätzungen zufolge sind im Kessel von Stalingrad etwa 40 000 Soldaten ohne jede Hilfe erfroren oder verhungert.

Das Grauen der Steppe blieb unserer Einheit erspart. Wir lagen jetzt bereits seit über zwei Monaten im Zentrum von Stalingrad. Die schweren Kämpfe hatten hier etwas nachgelassen und sich aufs offene Feld verlagert. Unsere Verpflegung wurde immer knapper, da nur noch ein Bruchteil der gestarteten Flugzeuge durchkam. So verringerte sich die tägliche Brotration auf nur eine Scheibe von fünfzig Gramm und nach Weihnachten mußte die tägliche dünne Suppe noch weiter mit Wasser gestreckt werden, nachdem inzwischen alle Pferde geschlachtet worden waren.

Neben den vielen alltäglichen Problemen beschäftigten wir uns mit dem hoffnungslosen Kampf gegen die Läuse und Flöhe. Zudem führte die ständig zunehmende Kälte dazu, daß einem der Stahlhelm am Kopf festfror. Ich riss Fußlappen in schmale, lange Streifen, die ich dann als notdürftige Isolation um meinen Kopf wickelte und bei Erfordernis austauschen konnte.

In der Zeit vor Weihnachten verbreiteten sich erneut im verstärkten Maße unsinnige Gerüchte über einen bevorstehenden Entsatz von außerhalb des Kessels. Dabei wurde auch über Luftlandedivisionen gesprochen, die angeblich zu unserer Verstärkung über dem Kessel abgesetzt werden sollten. Doch am Tag vor Weihnachten starb jede Hoffnung; es kam die Nachricht, daß der Gegenstoß aufgehoben werden mußte. So wurde unser Schicksal pünktlich zum Fest endgültig besiegelt.

Am 24. Dezember 1942 nahm ich in einer Kellerruine an einem schlichten Weihnachtsgottesdienst teil. Danach versammelten wir uns in einem Bunker, in dem noch ein Wehrmachtsempfänger vorhanden war. Wir hörten eine Sendung des »Großdeutschen Rundfunks« und schüttelten die Köpfe über einen Beitrag, der – angeblich aus unserem Frontabschnitt – in die Heimat übertragen wurde. Die Meinungen, ob das Lied »Stille Nacht, heilige Nacht« tatsächlich von einem Chor an der Wolga gesungen wurde, waren unterschiedlich. Manche akzeptierten diese Information, andere waren empört. Anschließend hörten wir die Schauerberichte über unseren »heldenhaften« Untergang. Als der Akku des Gerätes plötzlich aufgab, waren wir nicht enttäuscht und krochen wieder in unsere Bunker.

Heiligabend in Stalingrad – über den weiten Schneeflächen herrschte beißende Kälte. Unser Thermometer zeigte 25 Grad

»Die Madonna von Stalingrad«, Symbol der Hoffnung und der Versöhnung. Sie wurde von dem Arzt, Pfarrer und Künstler Dr. Kurt Reuber 1942 im Kessel von Stalingrad geschaffen. Die Zeichnung ist eines der bekanntesten Kunstwerke des Zweiten Weltkrieges. Das Original hängt in der Berliner Kaiser-Wilhelm-Gedächtniskirche.

Stalingrads Versorgung aus der Luft wurde zum Opfergang für die Luftwaffe. Etwa 550 Maschinen Totalverlust standen zu Buch. Damit ging ein Drittel aller eingesetzten Flugzeuge mit ihren Besatzungen verloren. Sie waren Opfer von Wetter, Flak und russischen Jägern.

Bodenpersonal entlädt eine JU 52 auf dem Flughafen Gumrak, um sie mit Schwerstverletzten schnell wieder ausfliegen zu lassen. Viele Flugzeuge wurden auch beim Rückflug mit den Verletzten an Bord von der feindlichen Flak und von Jagdflugzeugen abgeschossen.

unter Null. Draußen in der Steppe vor der Stadt ohne Schutz der Häuserruinen froren die Soldaten sogar bei minus 35 Grad und waren dem eisigen Wind schutzlos ausgeliefert. Nun lagen wir hier schon monatelang und waren nicht weitergekommen. In unserem Abschnitt war es an diesem Tag friedlich, doch draußen in der Steppe wurde gekämpft. Ich kann schwer ausdrücken, was uns alle an diesem Heiligabend bewegte. Wir hausten in Erdlöchern, unsere Gedanken waren einige tausend Kilometer entfernt bei den Menschen, die wir liebten. Wir vermißten die weiß gedeckten weihnachtlichen Tische, die Nüsse, roten Äpfel und das Spekulatiusgebäck. Als Tannenbaum diente uns nur ein seltsames Gebilde aus Zweigen und Ästen. Ein Kerzenstummel auf einem Stahlhelm durfte nur wenige Minuten lang brennen; der Rest wurde für den nächsten Tag aufgespart.

Ich dachte an die vielen Kameraden, die mir nahegestanden und die ich verloren hatte. Wieder und wieder fragte ich mich, warum dieser schreckliche Krieg eigentlich noch geführt wurde. An diesem Weihnachtsabend wußte ich darauf keine Antwort.

Eins hatten wir alle gemeinsam: keine Geschenke, kein Lebenszeichen von daheim, die Einsamkeit und tödliche Gefahr, die Entbehrungen und den ständigen Hunger.

Mit Schneewasser kochten wir eine Pferdefleischsuppe, in die wir an diesem Abend sogar noch einige Erbsen geben konnten, die wir eigens für Weihnachten aufgespart hatten. Zu viert teilten wir uns eine »Eiserne Ration«, für jeden von uns fiel dabei ein Löffel voll Büchsenfleisch ab. Hierzu aß jeder eine halbe Scheibe Knäckebrot. An diesem Weihnachtsabend spürten wir, was Brüderlichkeit unter Soldaten heißt.

Am Weihnachtstag gingen die Kämpfe an verschiedenen Frontabschnitten weiter. Im Norden hörten wir Artillerie und Granatwerfer. Glücklicherweise blieben wir verschont.

Während der Feiertage hatte ich die Gelegenheit, ein letztes Schreiben an meine Lieben in der Heimat zu verfassen. Es war ein sehr trauriger Brief. Da ich befürchtete, unsere Post könnte kontrolliert werden, ließ ich vorsichtshalber einige heroische Floskeln einfließen. Vielleicht war dies der Grund dafür, daß dieser Brief durch alle Kontrollen kam und meine Familie tatsächlich erreichte. Meine Zeilen wurden dann in der Heimat als letztes Lebenszeichen und Abschiedsbrief aufgenommen. Danach herrschte jahrelange Funkstille. Für meine Familie galt ich als vermißt in Stalingrad.

Der Kessel von Stalingrad erschien uns wie der Weltuntergang. Für manche Truppenteile blieb im Januar überhaupt nichts Eßbares mehr. Täglich verhungerten Tausende von Soldaten. Sie fielen plötzlich um und waren tot. Es kam sogar zu einzelnen Fällen von Kannibalismus; aus Toten wurden Fleischstücke herausgetrennt. Die Verstorbenen wurden nicht mehr registriert. Sie bleiben namenlos vermißt.

Zwischen dem 8. und 22. Januar 1943 wurden die Kapitulationsforderungen der Russen zweimal durch Generaloberst Paulus abgelehnt. Nach dem zweiten Mal erhielten unsere Truppen den Befehl, das Feuer auf Parlamentäre zu eröffnen. Damit begann die gewaltsame Liquidation des Restkessels. Tagelang erfolgte aus 7000 Geschützen schwerstes Trommelfeuer, pausenlos krachten Detonationen. Das Land wurde regelrecht umgepflügt, die Granaten zerrissen die Erde um uns. Wie durch ein Wunder erfolgte auf das Bretterloch, in dem wir hausten, kein Volltreffer. Dann trat in unserer Umgebung wieder Ruhe ein. Die Russen versuchten, den Kessel an einem anderen Abschnitt weiter aufzuspalten.

Am 21. Januar sollte ich unserer Stabskompanie eine Meldung überbringen. Vor dem Bunker, der etwa hundert Meter von uns entfernt lag, stand ein Feldwebel mit einer Gruppe von Soldaten. Nachdem man im Bunker meine Meldung entgegengenommen hatte, wurde mir befohlen, mich bei ebenjenem Feldwebel zu melden. Für einen Sondereinsatz in der kommenden Nacht sollte ein Zug zusammengestellt werden, und ich war mit einem weiteren Gefreiten dazu abkommandiert worden. Man versicherte mir, ich würde am nächsten Vormittag wieder zu meiner Einheit stoßen. Dort sei man über diesen Befehl informiert.

Beklommen fügte ich mich in mein Schicksal und meldete mich draußen. Jetzt waren wir vollzählig. Jeder von uns erhielt eine »Eiserne Ration«, die wir sofort heißhungrig verschlangen. Wir waren jeweils mit einem Gewehr bewaffnet,

Mit vereinten Kräften versucht das Bodenpersonal diese Junkers in Startposition zu bringen.

Eine der letzten JU 52, die Nachschub bringt und Schwerverwundete ausfliegt. Grausame Szenen spielten sich beim Abflug ab. An die eisigen Fahrgestelle und Tragflächen klammerten sich verzweifelte Menschen, die kurz nach dem Abheben zu Boden stürzten und dabei umkamen.

Zwischen zerborstenen Flugzeugrümpfen liegen tote, steif gefrorene Soldaten auf dem Flugplatzgelände.

Der noch in deutscher Hand befindliche Flugplatz Pitomnik. Mit Zugschlitten werden ankommenden Maschinen entladen und zum Rückflug mit Verwundeten beladen.

vier von uns gingen in Schneeanzügen und waren zusätzlich mit Handgranaten ausgestattet. So rückten wir ab.

Zunächst folgten wir der Hauptverbindungsstraße zwischen den Flughäfen und der Stadt. Dieser Weg war rechts und links von stöhnenden Verwundeten und erfrorenen Soldaten gesäumt, die versucht hatten, nach Stalingrad zu flüchten; überall standen liegengebliebene Fahrzeuge und Geschütze. Wir marschierten weiter in Richtung der südlichen Ausläufer Stalingrads.

Unser Weg durch den kalten Schneesturm erschien mir endlos lang. Bei Dämmerung erreichten wir unser Ziel und erfuhren, worum es bei unserer Entsendung ging: Wir sollten einen Zug ablösen, der hier eine abgesicherte Flanke vortäuschte. Auf nächtliche russische Spähtrupps sollten wir das Feuer eröffnen. Jeweils zu zweit belegten wir die inzwischen von unseren Vorgängern geräumten Stellungen.

Der Gefreite aus meiner Einheit und ich hatten Glück: Da die übrigen Soldaten aus derselben Kompanie stammten und zusammenbleiben wollten, wurde uns ein schmaler, etwa sechs Meter langer und ungefähr anderthalb Meter tiefer Graben zugewiesen, während die anderen Soldaten, etwas zerstreut, vor uns in offenen, nicht sehr tiefen Schneelöchern lagen. Wenige hundert Meter neben uns lag eine deutsche Kampfeinheit; dort wurde der nächste sowjetische Angriff erwartet. Die Nacht war kalt; wir versuchten, uns zu bewegen, so gut es ging. Die erwarteten Spähtrupps blieben aus.

Gegen Morgen, es war noch dunkel, warteten wir schon auf die versprochene Ablösung – da hörten wir plötzlich im Abschnitt rechts von uns lautes Angriffsgebrüll der Russen: »Urräh! Urräh! Urräh!«

Gleichzeitig setzte starker Artilleriebeschuß ein. Nach heftigen Maschinengewehrsalven sowie Gewehrfeuer der neben uns liegenden deutschen Kampftruppe trat Stille ein. Etwas später, es war inzwischen hell geworden, erfolgte erneut ein sowjetischer Angriff, der wie zuvor durch deutsches Abwehrfeuer erwidert wurde. Daraufhin trat völlige Ruhe ein.

Wegen der großen Kälte vertraten wir uns gerade die Füße, als einige der Kameraden plötzlich vorn in ihre Schneelöcher sprangen. Fast gleichzeitig hörten wir Motorengeräusch, das immer näher kam. Jetzt tauchte ein Rudel von fünf sowjetischen Panzern auf, die Kurs auf die rechts von uns liegende Kampfeinheit nahmen.

Plötzlich blieben die Panzer stehen: Sie hatten uns entdeckt. Daraufhin änderten sie ihre Richtung und fuhren auf uns zu. Zwei unserer Soldaten, die Schneewesten trugen, sprangen auf, liefen auf die Panzer zu und schleuderten Handgranaten in Richtung der Ketten. Das war natürlich sinnlos, doch wir anderen hatten nur Gewehre – eine andere Abwehr war nicht möglich. Die Russen erkannten die Situation und fuhren direkt auf die vor mir liegende Gruppe zu. Die Panzer wälzten sich durch die offenen Schneelöcher und zermalmten mit ihren Ketten die im Schnee liegenden Soldaten. Ich rief meinem Begleiter zu, den Kopf nicht aus unserem Erdloch zu strecken. Doch er verlor die Nerven, lief bis an das andere Ende unserer Vertiefung, arbeitete sich mühsam hoch und rannte davon. Als ich dann in meiner unmittelbaren Nähe Maschinengewehrfeuer vernahm, legte ich mich auf den Boden und stellte mich tot. Nachdem die Salven verstummt waren, hörte ich, wie die Motorengeräusche sich entfernten. Dann trat plötzlich völlige Stille ein.

Am ganzen Körper zitternd, blieb ich in meiner Vertiefung. Ich weiß nicht mehr, wie lange ich dort gelegen habe. Doch dann erinnerte ich mich an meinen Begleiter. Ich mußte feststellen, was mit ihm geschehen war. Mühsam kroch ich aus dem Spalt und sah erst jetzt, daß der andere Ausgang unserer Erdvertiefung eingestürzt war.

Draußen bot sich mir ein schreckliches Bild: Überall lagen die von den Panzern überfahrenen, zerfetzten Soldaten. Zum Teil waren sie aber auch aus ihren Löchern geflüchtet und dann von den Maschinengewehrsalven niedergestreckt worden. Schließlich fand ich etwa dreißig Meter entfernt meinen Begleiter. Auch er war vom Maschinengewehrfeuer getroffen und blutete aus mehreren Wunden. Er schien mich aus großen Augen anzusehen, und ich bildete mir ein, daß er noch stöhnte. Daher schleppte ich ihn zurück in die Richtung, aus der wir gekommen waren. Doch bald verließen mich meine Kräfte, und während ich ausruhte, stellte ich fest, daß er bereits tot war. Ich schloß ihm die Augen und nahm seine Erkennungsmarke an mich. Dann lief ich in Richtung der Hauptrückzugsstraße nach Stalingrad.

Erst jetzt wurde mir bewußt, daß ich als einziger des ganzen Zuges überlebt hatte. Ich fühlte mich wie ein Deserteur, aber was sollte ich hier allein unternehmen? An wen hätte ich mich wenden sollen? Jetzt hatte ich nur noch einen Gedanken: Ich wollte zurück zu meiner Einheit, zu meinen Kameraden. Ich war nervlich am Ende – vor meinem inneren Auge erschien immer wieder das grausame Bild der zermalmten Soldaten. Plötzlich fiel mir etwas ein: Infolge des Schocks hatte ich es versäumt, die Erkennungsmarken der toten Soldaten einzusammeln. Jetzt quälte mich außer meinen sonstigen Sorgen auch noch dieser Gedanke.

Auf meinem Weg orientierte ich mich an den liegengebliebenen Fahrzeugen. Unterwegs traf ich auf Verwundete. Sie hatten im Nebenabschnitt an den Kämpfen teilgenommen, die wir gehört hatten. Von ihnen erfuhr ich, daß die sowjetischen Infanteristen in weißen Schneeanzügen angestürmt waren. Aus 300 Metern Entfernung waren sie von leichten Feldhaubitzen beschossen worden und hatten enorme Verluste erlitten. Dessenungeachtet stürmten die russischen Truppen in mehreren Wellen immer wieder gegen die deutschen Stellungen, aus denen mit Gewehren und Maschinengewehren gefeuert wurde. Die letzte Gruppe von Angreifern war nicht weit gekommen: Vor den deutschen Stellungen hatten sich die gefallenen sowjetischen Soldaten gestapelt und so als Schutzwall der Deutschen gedient. Doch wie bei meinem vorangegangenen Erlebnis waren auch in diesem Fall bald sowjetische Panzer eingetroffen, und die Deutschen hatten sich zurückgezogen.

Auf dem Weitermarsch zu meiner Einheit lernte ich einen Panzergrenadier kennen. Er war vom Flughafen Gumrak geflüchtet, der zu dieser Zeit gerade von den Russen eingenommen wurde. Eine Woche zuvor war der Mann zusammen mit einem schwerverwundeten Kameraden, der über gültige Evakuierungspapiere verfügte, zunächst zum Flughafen Pitomnik beordert worden. Infolge der bevorstehenden Einnahme durch die Russen hatten sich hier unter den Deutschen bereits Auflösungserscheinungen gezeigt.

Der Grenadier berichtete mir von dem unbeschreiblichen Chaos, das er dort erlebt hatte: Aus allen Richtungen sammelten sich in Pitomnik Horden von Versprengten. Darunter waren Soldaten in zerrissenen Uniformen mit blutgetränkten Lumpen am Kopf oder Körper, aber auch rücksichtslose Deserteure. Unzählige Verwundete warteten mit gültigen Ausreisepapieren auf ihre Verladung. Aber auch hohe Offiziere, sogar Generäle in Pelzmänteln befanden sich in Pitomnik, von denen einige den Piloten Geld angeboten hatten, um mitgenommen zu werden.

Neben der Rollbahn warteten hilflose Menschen, viele Soldaten starben. Dazwischen häuften sich die Leichen aus den umliegenden Lazaretten. In den Feuerpausen der russischen Artilleriegeschütze landeten »JU 52«, die im Anflug ihre Ladung abwarfen. Gehfähige stürzten sich auf die Flugzeuge und plünderten die herausgeworfene Fracht.

Rücksichtslose Kämpfe um einen Platz im Flugzeug entwickelten sich. Einige versuchten, startende Maschinen zu stürmen, hängten sich an Fahrgestell oder Leitwerke. Mit dieser Last konnten die Flugzeuge nicht abheben. Einige anfliegende Maschinen, die dieses Chaos bereits aus der Luft erkannten, warfen ihre Fracht ab und flogen weiter, ohne überhaupt zu landen. Mehrfach trat die Feldgendarmerie in Aktion und gab Warn-, aber auch gezielte Schüsse ab. Trotzdem hielt der Streit um einen Platz zum Überleben an. Die Schwerverwundeten mit gültigen Evakuierungspapieren hatten keine Chance. Sie blieben zurück; ein grausames Schicksal erwartete sie.

Für den Panzergrenadier hatte sich die Möglichkeit ergeben, mit einem Lastwagen zu dem zwölf Kilometer entfernten Flughafen Gumrak zu gelangen, den sie im Dunkeln erreichten. Hier hatte sein verwundeter Kamerad erneut unglaubliches Glück. Es gelang ihnen, sich bei einem kleinen Zug Schwerverwundeter einzureihen, der auf dem Weg zu einem Flugzeug war, das von der Feldgendarmerie abgesichert wurde. Unmittelbar vor ihnen ging ein Kopfverletzter, der genau wie der Begleiter des Grenadiers einen Kopfverband trug. Dieser Schwerverletzte wurde von einem Sanitäter begleitet, der das Ausreisepapier seines Patienten dem Piloten des Flugzeuges übergab, der die Verladung der Kranken überwachte. Im diesem Moment kam von der anderen Seite ein General im Pelzmantel und sprach den Piloten an. Er müsse für eine wichtige Mission dringend ausgeflogen werden. Infolge dieser Störung konnte der Pilot nicht mehr sehen, wie der Verwundete, dessen Papiere er in der Hand hielt, zusammensackte vom Sanitäter aufgefangen und in den Schnee gelegt wurde. Inzwischen hatte das Gespräch des Generals an Schärfe zugenommen, da sich der Pilot weigerte, ihn ohne gültige Ausreisepapiere mitzunehmen. Als der General schließlich ein Paket Kaffee anbot, herrschte er ihn zornig an: Machen Sie den Weg frei für unsere Schwerverletzten, wobei er auf den Begleiter des Panzergrenadiers zeigte. Die Verladung ging ohne Unterbrechung weiter.

Der Panzergrenadier wartete unter großer Anspannung ab, ob sein Kamerad im Flugzeug verbleiben konnte und war erleichtert, als etwas später auch der zweite Kopfverletzte ins Flugzeug gehoben wurde. Als er sich dann vom Flugfeld entfernen wollte, begegnete er nochmal dem Sanitäter. »Ich glaube, ich habe dein Herz schlagen hören«, meinte der. Und dann noch: »Hoffentlich kommen die noch gut von hier fort« sinnierte er. Auf Rückfrage erzählte er von einem tragischen Vorfall. Man hatte ebenfalls eine JU 52 für den Rückflug mit fast 100 Schwerverwundeten beladen, welche die gesamte Bodenfläche der Maschine bedeckten. Als dann diese Maschine nach dem Start im Steilflug hochzog, rutschten die auf dem Boden liegenden Soldaten ins Heck und die Maschine stürzte infolge falscher Auslastung ab. Ein Schwerverletzter konnte über das Chaos an Bord berichten, bevor er verstarb.

Ein Angriff der Russen, die jetzt auf den Flughafen Gumrak vorrückten, unterbrach das Gespräch. So entschied sich der Grenadier zu einem Rückzug zum letzten noch möglichen Ort, nach Stalingrad-Stadt.

Bei dieser Schilderung kamen meinem Begleiter die Tränen, und er erlitt einen Schwächeanfall. Ich teilte ein aufgespartes Stückchen Brot mit ihm; daraufhin zog er aus seinem Brotbeutel eine kleine Büchse Rindfleisch und gab mir davon ab. Sein verwundeter Kamerad hatte ihm diese Büchse zugeworfen, als er in das Flugzeug verladen wurde.

Auf der Verbindungsstraße zwischen Stalingrad und dem Flughafen Pitomnik sind verzweifelte Versprengte auf der Flucht aus der Stadt. Sie hofften, von einem Flugzeug ausgeflogen zu werden.

Die Straßen zu den Flughäfen sind auf das Zwanzigfache ihrer ursprünglichen Breite angewachsen. Trotz der fast immer währenden Dunkelheit mußten die Fahrzeuge aus Sicherheitsgründen stets ohne Licht fahren. Viele sterbende und erfrorene Soldaten wurden überrollt.

1942–1943

Die in eisiger Kälte erstarrten Leiber der Besatzung einer Wagenkolonne, die einem russischen Angriff zum Opfer gefallen war.

Die Leichen deutscher und russischer Soldaten wurden oft an einem Platz gesammelt, solange eine Bestattung infolge der Kälte nicht möglich war.

Scharen von Versprengten versuchten, nach Stalingrad zu gelangen. Doch noch immer bewegte sich ein gewaltiger Gegenstrom aus der todgeweihten Stadt in Richtung der Flughäfen, die zu diesem Zeitpunkt bereits von den Russen eingenommenen worden waren. Wir riefen dies den Flüchtenden zu und versuchten, sie zu warnen. Niemand glaubte uns.

Die Straße nach Stalingrad war durch den Menschenstrom auf das Zwanzigfache ihrer ursprünglichen Breite angewachsen. Die Zahl der Flüchtenden in beide Richtungen stieg ständig an. Viele wurden von ihren Kräften verlassen und blieben unterwegs im Schneegestöber liegen. Sie schrien hinter den wenigen fahrtüchtigen Fahrzeugen her, doch deren Insassen konnten ihnen nicht helfen.

Es war inzwischen Nachmittag und dunkel geworden. Im Schneesturm und bei der Dunkelheit sahen die Fahrer die am Boden liegenden Soldaten oft nicht und überrollten sie.

Wir waren inzwischen am Ende unserer Kräfte. Das Laufen bereitete uns immer größere Schwierigkeiten. Wir halfen uns gegenseitig und hakten uns ein. Ich schlug meinem neuen Kameraden vor, mich zu meiner Einheit zu begleiten; das gab ihm Auftrieb. Abends erreichten wir die Truppe. Bevor der Grenadier mit mir den Bunker betrat, bedankte er sich bei mir und gab mir zu verstehen, daß er den Tag ohne mich nicht durchgehalten hätte.

Man hatte mich vermißt, da keine Informationen über meinen Sondereinsatz eingegangen waren. Unser Kompanieführer sah meine blutverschmierte Uniform und fragte mich nach Einzelheiten des Geschehens. Ich vertraute mich ihm an und sprach dabei auch – wahrscheinlich etwas verworren – über die vergessenen Erkennungsmarken. Er bemerkte, daß ich mich in einer sehr schlechten psychischen Verfassung befand, beruhigte und bat mich, alles sofort zu vergessen. Die Erkennungsmarke meines gefallenen Begleiters nahm er an sich. Er händigte mir eine neue Uniform aus, die ursprünglich für einen Urlauber vorgesehen war – dafür wurde sie ja nun nicht mehr benötigt.

Am nächsten Tag war unser Frontabschnitt in der Stadt bereits auf engsten Raum zusammengedrängt. Die restlichen eingeschlossenen deutschen Truppen waren in eine Nord- und eine Südgruppe aufgespalten. Jetzt wurde um jedes Haus, um jeden Stein gekämpft. Mangels Munition gingen die Soldaten in den zertrümmerten Fabrikhallen mit Bajonetten, Eisenstangen und Spaten aufeinander los. In das Stadtgebiet drängten immer mehr Gruppen versprengter Soldaten aus der Steppe. Verwundete mit blutgetränkten Decken am Körper rutschten auf allen vieren durch den Schnee, Meter um Meter. Manche von ihnen wurden von ihren Kameraden in Zeltplanen geschleppt oder in Munitionskästen gezogen. Alle versuchten, zum Lazarett am Roten Platz zu gelangen.

In einer Feuerpause, als wir gerade unsere Suppe erhielten, schlug das Geschoß eines Granatwerfers in unmittelbarer Nähe ein. Wir alle hatten uns beim Heulen des Geschoßes auf den Boden geworfen. Die letzte noch brauchbare Feldküche hatte einen Volltreffer bekommen. Etliche von uns wurden von Splittern tödlich getroffen oder aber verletzt. Ein Feldwebel wurde schwer am Bein verwundet. Zwei unserer Männer brachten ihn nach erster Hilfe durch Peter zum Hauptverbandsplatz. Ich selbst hatte großes Glück, da ich als letzter in der Reihe stand. Während ich am Boden lag, durchschlug ein Splitter meine Kartentasche, die sich an meinem Koppel befand und infolge des plötzlichen Falles senkrecht in die Höhe stand. Ich war mal wieder davon gekommen und Peter murmelte »unfassbar«.

Am 25. Januar waren die Auflösungserscheinungen und der bevorstehende Zusammenbruch bereits unübersehbar. Uns allen wurde jetzt bewußt, daß jede weitere Verteidigung sinnlos war. Zu diesem Zeitpunkt bat Generaloberst Paulus beim Führerhauptquartier zur Rettung von Menschenleben erneut um sofortige Genehmigung zur Aufgabe. Noch am gleichen Tag erhielt er die Antwort: Hitler verbot die Kapitulation. Die Armee habe ihre Positionen bis zum letzten Mann und bis zur letzten Patrone zu halten. Paulus befahl daraufhin die Rückverlegung der Front an den Stadtrand.

Ende Januar waren von unserer Kompanie nur sechs Mann übriggeblieben. Doch wir hatten viele Versprengte in unser Erdloch aufgenommen. Auch der Panzergrenadier war bei uns geblieben. Am 28. Januar erhielten wir abends eine Meldung:

Die Russen würden am nächsten Morgen unsere Linie besetzen. Es wurde uns freigestellt, zu bleiben oder uns zum Roten Platz zurückzuziehen. Wir beschlossen zu bleiben. Nur ein junger Leutnant, der erst vor kurzem in den Kessel eingeflogen worden war, zögerte, sich zu ergeben. Doch wir überredeten ihn, bei uns zu bleiben. Das sollte sich bitter rächen.

Seit wir wußten, daß der Russe am nächsten Tag unsere Linie besetzen würde, herrschte eine gedrückte Stimmung. Obwohl es an diesem letzten Tag nichts mehr zu essen gegeben hatte, klagte niemand über Hunger. Selbst ein großer Karton mit Bonbons, den jemand beim Abwurf einer Verpflegungsbombe erwischt hatte, fand kein Interesse. Ich zog mich auf den oberen Teil der einzigen Pritsche zurück. Nach einiger Zeit spürte ich ein Hindernis an meinen Füßen. Es war der Karton mit süßem Inhalt, den irgendjemand nach oben befördert hatte. Im Halbschlaf redete ich mir ein, daß ich soviel wie möglich davon essen müßte, um die kommenden Tage zu überstehen. Zwei Stunden später spürte ich einen quälenden Durst. Aber unsere Wasservorräte waren verbraucht. Wir hatten noch etwas Tee, aber um ihn zu brühen brauchten wir Wasser oder Schnee. Obwohl alle durstig waren, fand sich niemand bereit, nach draußen zu gehen. Offenbar war mein Durst größer als die Angst und so nahm ich mir zwei Eimer, kroch vorsichtig die gefrorene Treppe hoch und suchte eine passende Stelle. In unmittelbarer Nähe war der Schnee von Urin verschmutzt, ich mußte also etwas weiter kriechen. Weit ausholend füllte ich den ersten Eimer. Als ich den zweiten Eimer durch den Schnee zog, schlug ein Schuß durch diesen. Ein Scharfschütze hatte mich im Visier. Im Bunker hatte man den Schuß gehört. Ein Soldat auf der Treppe warf einen Stahlhelm in eine andere Richtung, ich schnappte mir den ersten Eimer und rutschte über die Treppe in den Bunker. Später wurde der zweite Eimer von einem anderen Kameraden geholt. Obwohl die Ausbeute für das Teewasser gering war, konnte ich meinen Durst löschen. Ich glaube, das hat mir in den folgenden, völlig wasserfreien Tagen sehr geholfen.

Der Gefechtslärm ließ in dieser letzten Nacht nicht nach. Ständig hörten wir Einschläge von Granaten aus Panzerkanonen und von schwerer Artillerie. Als in unserer Nähe Maschinengewehrfeuer zu hören war, erkannten wir die große Gefahr, in der wir schwebten, und hißten vor unserem Erdloch eine weiße Fahne. Dies rettete uns wahrscheinlich das Leben. Am folgenden Tag berichtete man uns, daß die Russen in viele Erdlöcher und Keller Handgranaten geworfen hatten.

Am 29. Januar 1943 morgens um 6 Uhr holten uns russische Soldaten aus der Stellung. So gingen wir in die Gefangenschaft.

Nach russischen Angaben erlitten 91000 Soldaten das gleiche Schicksal, viele davon verwundet, fast verhungert und krank. Wir waren die lebenden Toten von Stalingrad.

Für mich setzte sich nach anderthalb Jahren Feldzug die Leidenszeit um mehr als sechs Jahre fort. Zwar waren die schweren Kämpfe beendet, aber Hunger und Kälte sollten weiterhin meine ständigen Begleiter sein.

Man geht davon aus, daß 300000 Soldaten eingekesselt waren, von denen 34000 verwundet ausgeflogen werden konnten. Von den 91000, die in Gefangenschaft gingen, kehrten höchstens 6000 nach Deutschland zurück. Es ergibt sich eine erschreckende Bilanz: 175000 Soldaten starben im Kessel, weitere 85000 kamen während der Gefangenschaft um. Der größte Teil dieser insgesamt rund 260000 Männer bleibt namenlos vermißt.

Nach sowjetischen Angaben fielen bei Stalingrad etwa 500000 Rotarmisten, weitere 600000 wurden verwundet.

Die Tragödie der Schlacht, das sinnlose Massensterben von Deutschen und Russen, gehört zu den grausamsten Kapiteln der deutsch-russischen Geschichte. Mit der Schlacht um Stalingrad war aber auch die entscheidende Wende des Krieges verbunden. Wie viele andere erkannte ich damals, wie eiskalt die Menschen in Deutschland von ihrer Führung betrogen worden waren. Die höchsten Tugenden – Glaube, Treue, Gehorsam und Pflichterfüllung – waren mißbraucht und beschmutzt worden.

Am 30. Januar 1943 erklärte Reichsmarschall Hermann Göring in einer Rundfunkansprache: »Es kam der Tag, daß zum ersten Male deutsche Panzergrenadiere in die Hochburg von Stalingrad hineinstießen und sich an der Wolga festklammerten. Dieses wird der größte und heroischste Kampf unserer Geschichte bleiben: Was dort unsere Grenadiere, Pioniere, Artilleristen, Flak-Artilleristen und wer sonst noch in dieser Stadt ist, vom General bis zum letzten Mann, leisten, ist einmalig. Noch in tausend Jahren wird jeder Deutsche mit heiligem Schauer von diesem Kampf in Ehrfurcht sprechen und sich erinnern, daß dort trotz allem Deutschlands Sieg entschieden worden ist ... Und so wird es auch in späteren Tagen über den Heldenkampf an der Wolga heißen: ›Kommst du nach Deutschland, so berichte, du habest uns in Stalingrad liegen gesehen, wie das Gesetz der Ehre und Kriegsführung es für Deutschland befohlen hat.‹«

Auf diese Rede folgte vom Befehlshaber des nördlichen Kessels, General Strecker, am 31. Januar 1943 die Antwort: »Vorzeitige Leichenreden unerwünscht!«

Doch Göring krönte seine Grabrede mit einem weiteren Funkspruch: »Die 6. Armee kann es sich zur unvergänglichen Ehre anrechnen, das Abendland gerettet zu haben.«

Aus der Heeresgruppe war zu hören: »Das deutsche Volk wird noch in ewigen Zeiten den Heldenkampf seiner Söhne an der Grenze zwischen Europa und Asien in stillem Gedenken ehren.«

Nachdem Görings Leichenrede gesendet worden war, wußten die Stalingrad-Kämpfer, daß sie abgeschrieben worden waren. Daß über ihr Sterben der Mantel der Notwendigkeit und Ehre gebreitet wurde, erfüllte die letzten Soldaten im Kessel mit tiefem Abscheu.

Marsch in die Gefangenschaft

Am 29. Januar 1943, frühmorgens um 6 Uhr, besetzten die Russen unsere Linie und forderten uns auf, die Stellung zu verlassen. Unsere weiße Fahne hatte uns gerettet. Wir krochen aus unserem Erdloch und sahen Rotarmisten vor uns, die ihre Maschinenpistolen im Anschlag hatten. Wir hoben unsere Hände, und einige Russen stürzten sich auf uns, um unsere Taschen zu durchsuchen.

»Urre, Urre!« riefen sie fortwährend und nahmen uns alles ab, was sie finden konnten – nicht nur die Uhren. Sie waren enttäuscht, daß wir nichts Eßbares bei uns hatten; auch sie waren völlig ausgehungert. Inzwischen wurden weitere deutsche Soldaten aus verschiedenen Richtungen in unsere Nähe getrieben.

Wir mußten uns in Fünferreihen aufstellen. Von meiner Kompanie waren sechs Mann übriggeblieben, drei von ihnen standen links von mir, zwei in der Reihe vor uns. Direkt vor mir befand sich der junge Leutnant, der in den Kessel eingeflogen, aber nicht mehr zum Einsatz gekommen war und sich nur zögernd entschlossen hatte, den sinnlosen Kampf aufzugeben und mit uns in Gefangenschaft zu gehen. Wir wechselten gerade ein paar Worte mit ihm, als ein russischer Kommissar, der unsere Reihen abschritt, ihm befahl, aus der Reihe zu treten. Er stand etwa zwei Meter von uns entfernt, als der Russe seine Maschinenpistole entsicherte, sie dem Leutnant wortlos an die Schläfe hielt und abdrückte.

Ich stand wie erstarrt. Eben noch hatte der junge Mann mit uns gesprochen – jetzt lag er tot in einer roten Blutlache neben mir im Schnee. Ich hörte mein Herz schlagen und fürchtete, es würde stehenbleiben. Ich hatte schreckliche Angst vor dem bevorstehenden Tod. In diesem Augenblick wurde der Kommissar von einem anderen Russen nach vorn gerufen. Er hängte seine Waffe über die Schulter und ging fort.

Plötzlich stand ein anderer Russe vor mir. Er verneigte sich und drückte meine Hand mit beiden Händen, bedankte sich überschwenglich bei mir und verabschiedete sich. Es handelte sich um einen unserer ehemaligen Gefangenen. Er war mit uns nach Stalingrad gekommen, um für unsere Pferde zu sorgen. Als es uns immer schlechter ergangen war, hatte ich erreicht, daß er bei der Aufteilung unserer kargen Verpflegung nicht ausgeschlossen wurde. Hierfür revanchierte er sich nun. Er verschwand einige Male und brachte bei seiner Rückkehr Trockenbrot und Sonnenblumenkerne mit. So konnten wir uns eine dünne Brotsuppe kochen. Ich warnte ihn jedoch, nicht bei uns zu stehen und vorsichtig zu sein. Später erfuhr ich, daß ehemalige »Hilfswillige« der Deutschen von den Russen erschossen wurden.

Etwas später hörten wir aus den von uns verlassenen Unterständen Schüsse. Schwerverwundete waren gefunden und erschossen worden.

Es vergingen Stunden, in denen wir vor Kälte zitterten. Endlich setzte sich unser trauriger Zug in Bewegung. Wir bildeten einen endlosen Strom frierender, fast verhungerter Menschen. Einige konnten infolge ihrer Erfrierungen kaum gehen. Auch jetzt vernahmen wir immer noch dumpfe Schüsse aus den verlassenen Unterständen und Ruinen. Wir hielten unsere Köpfe gesenkt, um nicht sehen zu müssen, was geschah.

Es begann der lange Marsch Tausender zerlumpter menschlicher Wracks. Seelisch und körperlich waren wir völlig gebrochen. Zu diesem Zeitpunkt war unser Zustand bereits so schlecht, daß wir die Todesraten voraussahnten, die die kommenden Tage unter uns Gefangenen mit sich bringen würden. Wir schleppten uns durch Straßen, die nur noch Steinbrüche waren und dann außerhalb der Stadt durch Schluchten, in denen weitverstreut Tausende toter Kameraden lagen.

Gegen Abend drängte man uns in Ruinen, von denen nur noch die Außenwände standen. Es war bitterkalt – wie immer in den letzten Wochen herrschten mindestens dreißig Grad unter Null. Zeitweise fiel dicker Schnee auf unsere viel zu dünne Bekleidung. Ich hätte ein Königreich für einen Schluck heißes Wasser gegeben. Plötzlich wurde es in unserer Runde ganz still. Wir wurden Zeugen eines erschütternden Gesprächs.

Die Namen dieser Toten kennt niemand mehr. Erst im Frühjahr 1943 konnten sie in Massengräbern beerdigt werden. Für ihre Angehörigen in der Heimat gelten sie als »vermißt in Stalingrad«.

Aus Erdbunkern, Kellern und Ruinen treibt man die Überlebenden zusammen. Verwundete und Schwerverletzte wurden sofort erschossen oder erschlagen. Oft überließ man sie auch ihrem Schicksal, zu verhungern oder zu erfrieren.

Marsch in die Gefangenschaft

Mit erhobenen Händen beginnt der Weg in die Ungewissheit der seit langem gefürchteten russischen Kriegsgefangenschaft.

Ein deutscher Gefangener wird von Soldaten der Roten Armee nach Uhren, Schmuck, Trauringen und auch Zahnprothesen mit Goldbesatz durchsucht. Jeder deutsche Soldat kannte den russischen Ruf »Urre«, der die Aufforderung zur Abgabe der Uhr war.

Ich berichtete bereits von den zahlreichen Versprengten, die seit Mitte Januar von den ständig zurückweichenden Frontabschnitten in die Stadt strömten. Sie waren tagelang, oft sogar bis zu zwei Wochen lang unterwegs gewesen und geradezu besessen von dem Gedanken, endlich die deutsche Kommandantur in Stalingrad-Mitte zu erreichen. Dort, so glaubten sie, würden sie von all ihren Leiden erlöst. Sie stützten sich auf Stöcke, stolperten und krochen auf allen vieren durch den tiefen Schnee.

Nun hörte ich mit an, was diese Versprengten am Ziel ihrer Träume erwartete. Unter uns befand sich der Unteroffizier, der damals unseren schwerverwundeten Feldwebel zum Hauptverbandsplatz gebracht hatte. Unter Tränen schilderte er die schrecklichen Zustände, die er dort erlebt hatte:

Die Ortskommandantur Mitte war ein dreistöckiger Bau mit zwei Seitenflügeln, der zum Hauptverbandsplatz umfunktioniert worden war. Mitte Januar war ein Befehl erlassen worden, demzufolge alle nach Stalingrad gelangenden Verwundeten dort unterzubringen seien. Bald waren alle Etagen bis zum letzten Winkel mit Kranken und Verwundeten belegt und das Gebäude restlos überfüllt. Nur im Keller hielt sich noch eine Kampftruppe auf, und in den benachbarten Häuserruinen fanden nach wie vor vereinzelte Kämpfe statt.

Die Flut der Versprengten nahm ständig zu. Die Ankommenden suchten nach wochenlangem Aufenthalt in eisiger Kälte nach einem warmen Unterschlupf, einem Lazarett mit Ärzten und Betten. Doch sie fanden keine Lagerstätten, ja noch nicht einmal einen freien Platz auf dem Boden. Weder Verbände, Schmerzmittel, Trinkwasser noch etwas Eßbares waren vorhanden. Die Ärzte und Sanitäter arbeiteten bis ans Ende ihrer Kräfte und führten einen verzweifelten Kampf um das Leben der Ankömmlinge. Doch sie waren machtlos. Immer mehr Verwundete drängten in die Korridore des Hauses und zwängten sich zwischen die dort Liegenden. Als sie im Gedränge des Treppenhauses nicht weiterkamen, blieben sie dort liegen. Selbst Ärzte und Sanitäter konnten sich nicht mehr durch diese Menschenmassen vorwärtsbewegen. Immer häufiger kam es vor, daß sich Soldaten wegen ihrer unerträglichen Schmerzen selbst erschossen.

Marsch in die Gefangenschaft

Verhungert, entkräftet – für die meisten ein Weg ohne Wiederkehr.

Seit Wochen zu wenig Verpflegung und kein Lebenszeichen von daheim. Viele überlebten bereits den langen Weg in die Gefangenenlager nicht. Von denen, die ankamen, starben die meisten in den ersten Wochen.

Weitere Zeugen dieser Tragödie berichteten mir später von anderen schrecklichen Ereignissen, die der erzählende Unteroffizier nicht miterlebt hatte: Ein Seitenflügel des Hauses fing eines Tages Feuer. Es dauerte nicht lange, bis das ganze Dachgeschoß des Mittelbaus in hellen Flammen stand. Tumult entstand, Hilfeschreie gellten durch das ganze Haus. In größter Panik versuchten die noch gehfähigen Soldaten zu fliehen. Es kam zu einem verzweifelten Kampf ums Überleben. Die Ausgänge zum Treppenhaus und die Treppen selbst waren dicht belegt. Die Flüchtenden stolperten über die am Boden liegenden Menschen, die Nächstfolgenden fielen auf die erste Welle der Fliehenden. Immer mehr Menschen drängten über die am Boden übereinanderliegenden Männer. In ihrer Angst sprangen viele aus den offenen Fenstern in den Tod.

In all diesem Chaos brach schließlich das gesamte Obergeschoß ein und stürzte in die Tiefe. Wer jetzt noch laufen konnte, kämpfte sich über die vielen am Boden liegenden Menschen wieder zurück nach oben, um in die Seitenflügel zu gelangen. Aber die vielen Toten und Verwundeten versperrten ihnen den Weg. Zugleich bewegte sich noch immer ein Strom Flüchtender in die entgegengesetzte Richtung. Sie hatten bei dem allgemeinen Tumult vom Einsturz des Hauptausganges nichts erfahren.

Drei Stunden dauerte dieser Krieg der Stärkeren gegen die Schwächeren, jeder kämpfte gegen jeden. Mehr als 3000 Soldaten starben – sie erstickten, wurden niedergetrampelt, verbrannten oder wurden von herabstürzenden Gesteinsmassen erschlagen. All diese Soldaten bleiben namenlos vermißt!

Gegen Morgen trieben uns die russischen Soldaten wieder an, und wir setzten unseren Todesmarsch in die Gefangenschaft fort. Ständig drängten sich Zivilisten oder sogar Kinder zwischen unsere Reihen, um während des Marsches unsere Taschen zu durchwühlen. Uhren und Ringe waren uns bereits von Soldaten abgenommen worden, jetzt waren Kochgeschirre, Eßbestecke und Taschenmesser begehrte Objekte. Es kam auch vor, daß einem Gefangenen die Stiefel ausgezogen wurden. Nur wenn er Glück hatte, wurde ihm dafür ein Paar zerrissene Schuhe überlassen. Oft wurden den Gefangenen auch

Deutsche und rumänische Soldaten versammeln sich zum Todesmarsch in die eisige Wintersteppe.

die Decken entrissen, die sie sich mangels Bekleidung über den Rücken gelegt hatten. Diese armen Kerle mußten bei der enormen Kälte im Hemd weitermarschieren. Völlig ausgeplündert marschierten wir tagelang.

Unser Weg war rechts und links von Toten gesäumt. Unzählige steifgefrorene Soldaten lagen am Straßenrand, zum Schutz vor der Kälte hatten sie sich teils eng zusammengeschmiegt – vergeblich. Manchen Toten hatte man die Schädel eingeschlagen oder die Körper verstümmelt.

Mit Maschinenpistolen und Hunden wurden wir durch Eis- und Schneestürme getrieben. Bei Temperaturen bis zu 30 Grad unter Null litten immer mehr Kameraden unter Erfrierungen, so daß sie nur langsam vorwärtsstolpern konnten. Sie wehrten sich dagegen, zusammenzubrechen, denn das bedeutete den sicheren Tod. So versuchten auch viele, sich gegenseitig zu helfen. Wer noch konnte, riß seinen Kameraden hoch und schleppte ihn mit. Aber oft waren beide dem Marschtempo nicht gewachsen und stürzten in den Schnee, wo sie dann einen Genickschuß erhielten. Immer häufiger hörten wir um uns das Bellen der Maschinenpistolen. War es Mord oder ein Gnadenakt? Bald beneidete mancher die, welche es hinter sich hatten. Als nämlich immer mehr Gefangene liegenblieben, sparten die Russen ihre Munition. Sie stießen die Zusammengebrochenen an den Straßenrand, zwei bis drei Stunden später waren sie erfroren.

Am dritten Tag unserer Gefangenschaft wurden wir von einer Anhöhe in eine tiefergelegene Schlucht geleitet. Auf dem Weg nach unten lagen zu beiden Seiten unseres Pfades tote, steifgefrorene Soldaten, die mal mehr, mal weniger mit Schnee bedeckt waren. Dies ließ darauf schließen, das vor uns bereits mehrere Marschkolonnen hier entlanggeführt worden waren.

In der Schlucht stockte uns der Atem: Weitverstreut lagen hier ebenfalls überall gefrorene Leichen. Ein Blick nach oben erklärte uns, wie sie hierhergelangt waren. Auf der Anhöhe befand sich ein ehemals deutsches Feldlazarett, das von den Russen aufgelöst worden war. Man hatte die bettlägerigen Verwundeten mitsamt ihrer Betten von oben herabgestürzt. Die Gesichter dieser Toten haben sich tief in meine Erinnerung eingegraben. Manche trugen an Armen oder Beinen Verbände. Anklagend ragten die eingegipsten Gliedmaßen zwischen dem Gestänge der Feldbetten aus dem Schnee, der hier über weite Strecken vom Blut bräunlich-rot gefärbt war.

Wir alle rechneten damit, bald exekutiert zu werden. In dieser Situation ertönte hinter uns die Stimme eines Feldgeistlichen, der laut rief: »Männer, seht nicht hin!« Laut stimmte er das »Vater unser« an. Viele von uns stimmten leise in das Gebet ein. Doch nichts geschah. Immer weiter führte unser Kurs auf krummen Wegen ins Ungewisse. Nachts fanden wir keine Ruhe mehr. Wir bemerkten allmählich, daß es kein Ziel für uns gab; man trieb uns ständig im Kreis herum, bis wir schließlich wieder Stalingrad erreichten.

Während dieses sinnlosen Marsches wurden wir oft gefilmt und fotografiert. Manchmal bewarfen uns Zivilisten mit Steinen. Ich sah russische Frauen, die die am Straßenrand erfrorenen Leichen wie Holzstämme stapelten. Andere verluden die Leichen deutscher und russischer Soldaten auf Schlitten, die von Hand oder von Kamelen gezogen wurden. Weitere Zivilisten versuchten, im tiefen Schnee Gruben freizulegen, in denen sie die Toten verscharrten.

Unsere Marschkolonne blieb tagelang ohne jede Verpflegung, ohne Wasser und sanitäre Versorgung. Ein Austreten aus der Reihe wurde teilweise erlaubt, war aber trotzdem lebensgefährlich. Es bestand die Gefahr, daß der nächstfolgende russische Wachsoldat eine Flucht vermutete und schoß. Deshalb verrichteten einige ihre Notdurft im Gehen. Dadurch vereiste ihre Kleidung innerhalb kurzer Zeit. In dieser Hinsicht erging es »meinem« Panzergrenadier besonders schlecht. Noch ging er dicht hinter mir her, doch das Gehen bereitete ihm zunehmende Schwierigkeiten, da er an zwei Zehen schmerzhafte Erfrierungen ertragen mußte.

Als unsere Kolonne einmal anhielt, teilte er mir mit, daß er dringend austreten müsse. Er zögerte, um die Genehmigung zu bitten, da er Angst hatte, anschließend nicht mehr nachzukommen und uns aus den Augen zu verlieren. Als unser russischer Bewacher nahte, bat ich für meinen Kameraden um Erlaubnis. Der Posten hatte Verständnis, und der Panzergrenadier ging einige Meter zur Seite. Gleichzeitig setzte sich unsere Kolonne wieder in Bewegung. Kurz darauf hörte ich hinter uns

Schüsse. Der russische Posten, der die kurze Entfernung des Grenadiers bewilligt hatte, ging noch neben mir her. Er drehte sich kurz um, sah mich an und hob nur kurz bedauernd seine Schultern. Den Panzergrenadier habe ich nie wiedergesehen.

Etwas später durchsuchte ein anderer sowjetischer Soldat meine Taschen. Er stieß in der kleinen Uhrentasche meiner Hose jedoch nur auf einige Süßstofftabletten. Enttäuscht fluchte er laut und warf sie wütend in den Schnee. Als er daraufhin zum Schlag gegen mich ausholte, trat unser Wachsoldat dazwischen. Er hielt den gegen mich erhobenen Arm fest, schimpfte und verjagte den anderen Soldaten. Anschließend fragte er mich, ob es sich bei den Tabletten um Medizin gehandelt habe, was ich verneinte. Später, als es dunkel wurde, kehrte er zu mir zurück und steckte seine geschlossene Hand zuerst in meine rechte, dann in meine linke Manteltasche. Dabei gab er sich den Anschein, als suchte er etwas. Doch er steckte mir heimlich getrocknete Brotbrocken zu. Unter Soldaten gab es auf beiden Seiten anständige Menschen und charakterlose Individuen.

Oft stand uns für die Nacht nicht einmal eine Hausruine zur Verfügung, die uns ein wenig vor der Kälte geschützt hätte. Dann schliefen wir in eng aneinandergeschmiegten Gruppen im Schnee. In regelmäßigen Abständen bewegten wir uns, um den Kreislauf in Gang zu halten. Trotzdem fanden wir beim Aufwachen manchmal tote, steifgefrorene Kameraden zwischen uns. Um Wärme zu erzeugen, stellten wir uns auch in Gruppen zusammen und breiteten eine Decke über unsere Köpfe. Unser Atem wärmte uns.

Am 1. Februar 1943 – es war der vierte Tag unserer Gefangenschaft, den wir wiederum ohne Wasser und Nahrung zubrachten – trieben unsere Wärter uns durch eine Baracke. Es begann eine erste »Vernehmung«, für die wir uns splitternackt ausziehen mußten. Daraufhin befragten uns weibliche und männliche russische Militärs, während wir im Intimbereich abgetastet wurden.

Sofern jemand bis zu diesem Zeitpunkt noch heimlich etwas durch alle bisherigen Filzungen geschleust hatte – hier wurde es gefunden. Sogar die Erkennungsmarken wurden uns abgenommen.

Das Todeslager von Beketowka

Am 2. Februar 1943 begann der Marsch zu den sowjetischen Elends- und Todeslagern von Beketowka südlich von Stalingrad. Von den 91 000 Soldaten, die in Gefangenschaft geraten waren, wurden in diesen Tagen etwa 50 000 hierher gebracht. Die meisten von ihnen waren krank oder verwundet, der überwiegende Teil litt an Erfrierungen. Vier Mann aus unserer ehemaligen Kompanie – Peter, Paul, Egon und ich – wurden in einer Baracke des Hauptlagers einquartiert. Hier lagen wir anfangs mit etwa 120 anderen Soldaten in einem großen Raum, ein Mann dicht an den nächsten gedrängt, ohne jeden Zwischenraum.

In Beketowka befanden sich vorübergehend auch Generäle und andere Offiziere, sie wurden jedoch bald in ein Lager bei Moskau verlegt. In den ersten Tagen erhielten wir absolut nichts zu essen oder zu trinken. Die Russen waren einem derartigen Zustrom von Gefangenen nicht gewachsen. Seitens der Behörden waren keinerlei Vorkehrungen getroffen worden. An einigen Stellen zögerte man natürlich auch, uns Gefangene mit Verpflegung zu versorgen, während die Sowjets selbst unter der großen Lebensmittelknappheit litten. Ich habe Soldaten der Roten Armee gesehen, die wie wir völlig unterernährt waren. Unter den Zivilisten herrschten noch bedrohlichere Zustände. Wie konnten wir etwas erwarten? Wir Deutschen waren es schließlich, die die Sowjets in diese Lage gebracht hatten.

Von schrecklichem Durst getrieben, hoben wir einmal vor unserer Baracke einen Gullydeckel an. Der Boden dieses Senkloches war in etwa fünf Metern Tiefe noch mit etwas Flüssigkeit bedeckt. Der üble Geruch ließ nichts Gutes erwarten. Trotzdem banden wir einen Draht an ein Kochgeschirr, zogen das Gefäß mühsam über den Boden des Senkloches und sammelten Wasser aus dieser Kloake. Gierig tranken einige von uns davon. Ich spuckte es sofort aus; trotz meines unermeßlichen Durstes erkannte ich die Gefahr, die von dieser Brühe ausging.

Bald erkrankten Egon und ich an schwerer Angina. Niemand konnte uns helfen. Eines Morgens stand Egon auf und fiel sofort wieder um – er war tot. Wir wußten nicht, ob die Krankheit die Ursache war oder ob er, wie viele andere in unserer Baracke, verhungert war. Nun waren wir nur noch zu dritt. Wir schworen uns, einander bis zum letzten gegenseitig zu helfen.

Läuse peinigten die dicht an dicht gepferchten Gefangenen. Tagsüber waren wir ständig damit beschäftigt, das Ungeziefer zu zerdrücken. In der Morgendämmerung erschienen unsere grünen Uniformen zunächst grau. Bei näherem Hinsehen war jedoch zu erkennen, daß wir alle über und über mit Läusen bedeckt waren. Millionen dieser Parasiten fielen allnächtlich über die hier am Boden liegenden, ausgemergelten Gestalten her. Vielen wurde dadurch buchstäblich das letzte Blut ausgesaugt. Dann verließen die Läuse die toten Körper und machten sich an das nächste Opfer. Auch Flöhe traten im Lager massenhaft auf, und unter unserem Bretterboden lebten Ratten, die nachts aus ihren Löchern krochen und die Menschen angriffen.

Nach 14 Tagen hatten wir immer noch keine Verpflegung erhalten. Unser Durst war unerträglich und trieb viele in den Wahnsinn. Viele versuchten, ihn mit schmutzigem Schnee oder Eis, das hier oft gelb vom Urin war, zu stillen. Nach einer weiteren Woche begannen Kamelwagen in unregelmäßigen Abständen Fässer mit Wasser ins Lager zu bringen. Einmal erhielt unsere Baracke sogar ein Faß voll »Suppe« – es handelte sich um lauwarmes Wasser, in das man etwas Kleie geschüttet hatte. Die Verteilung stellte jedoch ein Problem dar. Viele von uns besaßen weder Kochgeschirr noch einen Napf. Die Schwächsten gingen leer aus und weinten still vor sich hin.

Russische Offiziere, die sich das Treiben in den Baracken ansahen, kommentierten den Ruf nach Wasser und Brot lakonisch: »Ihr seid jetzt Gefangene, der Hunger wird ab jetzt euer ständiger Begleiter sein.«

Die heftigen Proteste einiger uneinsichtiger Lagerinsassen, die sich nicht scheuten, Läuse von ihrem Körper abzukratzen und nach den russischen Inspektoren zu werfen, führten zu einem folgenschweren Eklat. Sie wurden abgeführt und wegen Meuterei erschossen.

So hungerten wir weiter. Infolge von Hunger, Durst, durch Krankheiten wie Typhus, Ruhr, Gelbsucht, Tuberkulose und Diphtherie begann ein unvorstellbares Massensterben. Besonders schlecht erging es den Verwundeten. Ihnen fehlte es an allem. Sie schrien vor Schmerzen, da die Wunden nicht behandelt und vorhandene Verbände nicht gewechselt werden konnten. Dadurch bildeten sich dicke Fleischmaden. Viele Opfer von Erfrierungen starben am Wundbrand. Der Gestank von faulendem Fleisch wurde immer unerträglicher, die gellenden Schreie nach Wasser und Nahrung immer lauter. Wieder andere brüllten nach einem Arzt, nach dem Sanitäter, nach einem Kameraden. Einige, mit denen es zu Ende ging, verlangten nach Mutter, Bruder, Frau und Kindern. Den nahen Tod vor Augen, riefen viele Gott an und beteten unaufhörlich laut vor sich hin. Manche gaben den Kampf ums Überleben auf, weil sie keine Hoffnung mehr auf Rückkehr in die Heimat hatten. Ihr Überlebenswille erlosch, und viele sahen nur noch im Tod eine Erlösung. Jeden Morgen hingen Soldaten in den Fensterkreuzen, die sich nachts das Leben genommen hatten.

In den ersten Monaten starben allein in unserer Baracke jede Nacht bis zu dreißig Soldaten. Diese Toten wurden sofort, oft unbekleidet, draußen im Windfang vor der Baracke abgelegt, um den Lebenden etwas mehr Platz zu verschaffen. Meistens stießen sofort Neuzugänge aus anderen, noch stärker überfüllten Unterkünften zu uns. Die gefrorenen Leichen wurden morgens mit Handwagen vom Leichendienst abgeholt.

Infolge der enormen Strapazen und des Mangels an Wasser und Nahrung war auch mein Körper sehr geschwächt. Ich dämmerte dahin, bei geschlossenen Augen sah ich wenigstens nichts von dem Elend um mich herum. Ich hob den Blick nur, wenn mich ein besonderes Ereignis in unserer Umgebung aus meinen Gedanken riß.

Nach einer Nacht, in der besonders viele Verstorbene auf dem Leichenberg vor unserer Baracke abgelegt worden waren, trugen zu früher Morgenstunde einige Gefangene unserer Nachbarbaracke einen Schwerkranken herein und legten ihn in eine gerade frei gewordene Lücke in unserer Nähe auf den Boden. Seine Hände und Füße waren mit schmutzigen Verbänden versehen; offensichtlich litt er an schweren Erfrierungen. Er stöhnte unentwegt vor Schmerzen und rief nach Hilfe, dabei streckte er seine umwickelten Hände in die Luft. Abends brüllte er nach einem Arzt, schließlich nach einem Pfarrer. In der Nacht setzten heftige Krämpfe und Atembeschwerden ein. Er röchelte und gab schreckliche Laute von sich. Peter vermutete eine Tetanusinfektion.

Am nächsten Morgen war die ohnehin schon sauerstoffarme, von Hautausdünstungen und dem Geruch von Exkrementen durchsetzte Luft durch den penetranten Wundgestank aus nächster Nähe nicht mehr zu ertragen. Ich bat Peter, nach dem Kranken zu sehen. Auf dessen flehentliche Bitten hin nahm er ihm die völlig verschmutzten Binden ab. Ich sah, wie dabei viele Zehen und Finger im Verband hängen blieben. An den Stumpen hatten sich Infektionen gebildet und im faulenden Fleisch krochen dicke Maden.

Peter war kreidebleich, er zitterte vor Erregung. Ohne Spritze, ohne Medikamente und ohne frisches Verbandszeug konnte er nicht helfen. Er gab jetzt auf und sah zu mir herüber. Ihm standen die Tränen in den Augen, als er wortlos den Kopf schüttelte.

Es gibt keine Worte, um das zu beschreiben, was damals in meinem Innersten vor sich ging. Der in den vergangenen Wochen aufgestaute Schmerz war zu groß für das, was ich aussprechen müßte.

Plötzlich stieß Peter einen kurzen Schrei aus und schüttelte hastig seine Arme. Beim Abnehmen des Verbandes waren Läuse in großen Scharen auf seine Handgelenke übergewechselt. Er versuchte, sie von seinen Armen abzukratzen. Inzwischen war die Stimme des Kranken leiser geworden. Für diesen armen Kerl konnte jetzt nur noch der Tod eine Erlösung sein.

Ich schloß meine Augen und dachte: Herrgott, was für ein Elend. Wer ist dieser Soldat, der so viel Unmenschliches ertragen muß?

Sicher war auch er gezwungen worden, Soldat zu werden und nach Rußland auszurücken. Nun befand er sich in dieser grausamen Gefangenschaft, in der es keinen Unterschied mehr zwischen Leben und Tod gab.

Ich erlebte dieses langsame, qualvolle Sterben. Angesichts des Leidens quälte mich vor allem ein Gedanke: Gibt es für uns vergleichsweise »Gesunde« noch eine Hoffnung auf Überleben? Ich will nicht unter solch schrecklichen Umständen sterben wie dieser Soldat. Ich will für mein Überleben kämpfen, mit der letzten Kraft, die ich noch habe. Ich will meine Familie wiedersehen. Der Kampf ums Überleben soll für mich an erster Stelle stehen.

Gegen Abend sah ich Peter wieder bei dem Unglücklichen. Er hatte ihm Hals und Brust freigemacht, damit er besser atmen konnte. Dabei stellte er fest, daß der wehrlose Mann am ganzen Körper mit Läusen und fleckigem Hautausschlag bedeckt war: Flecktyphus. Peter veranlaßte die neben dem Kranken Liegenden, sich im eigenen Interesse einen anderen Platz zu suchen.

In der Nacht hörte ich, wie Peter aufstand und nach dem Kranken sah. Er kniete neben dem Todgeweihten, und ich hörte seine Stimme wie aus weiter Ferne – er betete. Ich schloß die Augen und dachte an die vielen toten Deutschen und Russen. Ich grübelte über den Sinn des Lebens nach, und es kamen mir Zweifel, ob es in dieser Hölle an der Wolga einen Gott gibt. Ich fühlte mich elend und dämmerte dahin.

Als es am nächsten Morgen hell wurde, war der Platz gegenüber leer. Man hatte diesen namenlosen Soldaten draußen auf dem »Leichenberg« abgelegt.

Es gab noch immer keine sanitären Anlagen, die wir trotz fehlender Nahrungsmittel dringend benötigt hätten. Da die meisten Gefangenen ohnehin nicht mehr in der Lage waren, nach draußen zu gehen, oder damit rechnen mußten, bei ihrer Rückkehr von einem kurzen Gang ihren Platz verloren zu haben, verrichteten sie ihre Notdurft im Raum selbst und entsorgten die Exkremente bestenfalls durch die offenen Fensterhöhlen.

Nach zwanzig Tagen wurde im Lager eine Küche eingerichtet. Ab und zu, wenn auch nicht täglich, erhielten wir eine Suppe aus Kleie und Wasser. Endlich bekamen wir jetzt täglich das lange entbehrte Trinkwasser.

Einige Tage später erwischte erst mich, dann Paul der Flecktyphus. Mehrere Wochen lang litt ich unter hohem Fieber und Lähmungen und phantasierte unentwegt. Später erzählte man mir, daß ich im Delirium aufgestanden und tobend über die am Boden Liegenden getorkelt sei. Aus verständlichen Gründen wehrten sie sich und schlugen mich nieder. Man stellte meinen Tod fest und legte mich abends nach draußen zu den anderen Toten.

Zum Glück hatten Peter und Paul darauf bestanden, daß mir die Uniform nicht ausgezogen wurde. Am nächsten Morgen teilte man Peter mit, daß der Soldat, der abends zu den Toten geschafft worden war, noch leise stöhnte. Nur dem Umstand, daß ich nicht entkleidet worden war und über mir weitere Tote abgelegt wurden, deren Körper mich vor der großen Kälte schützten, verdanke ich es, daß ich in dieser Nacht nicht erfroren bin.

Ich wurde wieder in die Baracke getragen und Peter holte mich ins Leben zurück. Er erzählte mir später, daß ich etwa drei Wochen in einem komatösen Zustand gelegen und er mich die ganze Zeit gepflegt habe. Er hat nie darüber gesprochen, wie er mir in dieser Zeit Nahrung zugeführt hat. Paul, bei dem ich mich danach erkundigte, wich meiner Frage aus und sagte: »Mich hatte es ja auch erwischt. Peter ist eben ein guter Sanitäter. Sei froh, daß er es geschafft hat, uns durchzubringen.«

Als es Paul und mir wieder etwas besser ging, wurde Peter von der gleichen Krankheit heimgesucht. Jetzt pflegten wir ihn gemeinsam. Ende März, nach zwei Monaten in diesem Lager, hatten wir trotz aller Strapazen das heimtückische Leiden besiegt.

Nun wurden wir einer ersten Entlausung unterzogen. Zuerst bündelten wir unsere Kleidung und gaben sie ab. Man schor uns die Köpfe kahl und teilte Rasiermesser an uns aus, mit denen wir uns gegenseitig sämtliche Körperhaare entfernten. Dies ging aufgrund der stumpfen Messer nicht ohne blutige Blessuren ab. Wir wurden in eine Baracke getrieben, die behelfsweise zu einem »Bad« umfunktioniert worden war. Darin standen große Kübel mit lauwarmen Wasser. Da jedem Holzkübel sechs bis acht Mann zugeteilt waren, fand nur eine sehr eingeschränkte Körperreinigung statt. Anschließend wurden wir mit einer weißen Chemikalie bestreut, die bei vielen auf der von den Läusen angegriffenen und zerkratzten Haut schmerzhafte Ekzeme hervorrief.

Bei der Rückgabe unserer Kleidung wurden die Bündel – teils hatten sie sich schon gelöst – ziellos in die wartende Menge geschleudert. Wir stürzten uns auf die Sachen; die Schwachen waren wieder einmal benachteiligt. Da ich besonders geschwächt war, erwischte ich absolut nichts. Splitternackt saß ich da und wußte nicht mehr weiter. Paul brachte mir schließlich einen großen Fahrermantel, der bis auf den Boden an mir herabhing. Später bemerkte ich, daß ein Feldwebel aus meiner Baracke meine Uniform erwischt hatte. Ich sprach ihn an, aber natürlich konnte er mir nicht helfen. Einige Zeit darauf erzählte mir jemand, daß der Feldwebel im Sterben liege. Ich ließ ihn Tag und Nacht nicht aus den Augen. Nach wenigen Tagen holte ich mir meine Uniform zurück.

Für manche Gefangene hatte die Entlausung schlimme Folgen. Zusätzlich zu den Ekzemen bekamen einige von uns Fieber. Bei besonders geschwächten Kranken führte dies zum Tod.

Anfang April waren von den 91 000 in Gefangenschaft geratenen Soldaten mehr als die Hälfte gestorben. Als die erste Frühlingssonne schien, trug man mich vor die Baracke und lehnte mich gegen die Hauswand. Zu diesem Zeitpunkt war ich noch immer in sehr schlechter Verfassung und ganz auf die Hilfe meiner beiden Kameraden angewiesen. Nach den langen Wochen des Hungers und infolge der immer noch unzureichenden Ernährung schritt meine Genesung nicht voran. Meine Nackenmuskeln waren so geschwächt, daß sie meinen Kopf nicht mehr halten konnten; er hing ständig nach vorn. Ich betrachtete die Soldaten in meiner Nähe. Sie bestanden nur noch aus Haut und Knochen. Besonders aber erschreckten mich ihre Gesichter: Ihre knöchernen Schädel waren von einer grünlich-grauen Haut überzogen, die selbst junge Menschen wie Greise erscheinen ließ. Viele hatten als Folge der Entbehrungen und Krankheiten alle Haare verloren. Dann erblickte ich den »Lagerzaun«; erst glaubte ich, er bestünde aus gestapeltem Holz. Doch meine Kameraden teilten mir mit, daß er aus den gefrorenen Leichen deutscher Soldaten gebaut war – zwei bis drei Meter hoch türmten sie sich in einer endlosen Reihe um das ganze Lager. Es waren Abertausende von Leichen, größtenteils ohne Bekleidung.

Mittlerweile erhielten wir täglich Suppe und ein Stück Brot. Wir bemerkten, daß bereits die ersten grünen Blätter aus dem Boden sprossen. Auf allen vieren krochen wir draußen herum, um eine »Einlage« für die Suppe zu ergattern. Dabei scheuten wir uns nicht, die grünen Blättchen zwischen und unter den Leichen zu pflücken. Als wir alles abgegrast hatten, wurden Kameraden, die Arbeiten außerhalb des Lagers verrichteten, dazu angehalten, Grünzeug mitzubringen. Da sie teilweise auch schädliche Pflanzen wie beispielsweise Schilf sammelten, starben einige von uns daran.

Doch bald erhielten wir eine weitere Suppeneinlage. Das Rote Kreuz hatte amerikanische Büchsenwurst für uns gespendet. Diese wurde in der Küche in kleine Stücke geschnitten und in die Suppe gegeben. Unter dem Vorwand, die Wurst in der Suppe müsse gerechter aufgeteilt werden, veranlaßte der von den Russen eingesetzte Barackenvorstand – ein Arzt und drei Helfer, die in einer kleinen Wachstube neben dem Barackeneingang untergebracht waren –, daß das Essen nicht mehr von jedem einzelnen gefaßt werden durfte. Der Vorstand wählte Männer aus, die mit jeweils zwanzig ineinandergehängten Kochgeschirren Suppe holen und diese im Zimmer des Vorstands abstellen mußten. Daraufhin wurde die Zimmertür verschlossen, und es fand eine »Umverteilung« der Wurstwürfel statt. Das Ergebnis: In allen Kochgeschirren befanden sich gleichmäßig wenige Würfel.

Für mich war das unfaßbar. Doch in der Folgezeit stellte sich heraus, daß sich mit Unterstützung der russischen Wachorgane eine neue Lagerhierarchie herausbildete. Nach und nach wurden viele Positionen der Lagerverwaltung mit deutschen Helfern besetzt. Die Russen benutzten diese Lagerfunktionäre als Zuträger. Sie ließen auch zu, daß sich diese Deutschen auf Kosten ihrer Kameraden Vorteile verschafften.

Im April wurde es wärmer, die Schneeschmelze begann. Jetzt mußten wir die Leichen wegschaffen. Es wurden die etwas Stärkeren unter uns ausgewählt. Nachdem sie einige Tage lang Zusatzkost erhalten hatten, bildeten sie Arbeitskolonnen für den letzten Weg der toten Kameraden. Bei den Toten handelte es sich um Gerippe – sie waren so leicht, daß zwei ausgemergelte Männer ohne weiteres einen Leichnam tragen konnten. Wir hörten, daß 1200 Mann als Totengräber eingesetzt worden waren; die meisten von ihnen infizierten sich bei dieser Arbeit und starben an Fleckfieber.

Jeden Tag hörten wir nun die Sprengungen, die im südlichen Wolga-Bogen vorgenommen wurden. Unsere Leute berichteten, daß vierzig große Gruben bereitgestellt wurden. Tagelang erreichten Kamel- und Lastwagen unser Lager, und die Soldaten vom Leichendienst warfen die toten Leiber mit Schwung hinauf. Für jede Grube wurden tausend Leichen abgezählt. All diese Soldaten bleiben namenlos vermißt.

Seitdem regelmäßig Kamele durch das Lager zogen, waren die ehemaligen Raucher sehr aktiv. Sie rangelten sich um den Kot der Tiere, der getrocknet und wie Tabak inhaliert wurde. In dieser Zeit kamen auch Rumänen, später weitere Deutsche zu uns. Sie boten uns Kamelfleisch zum Tausch gegen eine Portion Brot an. Sehr schnell machte im Lager jedoch die Nachricht die Runde, daß es sich hierbei um Menschenfleisch handelte, das aus gefrorenen Leichen herausgetrennt und gekocht worden war. Angeblich erschossen die Russen jeden, den sie dabei ertappten, um den Kannibalismus im Lager zu unterbinden.

Nach drei Monaten Gefangenschaft träumten einige Gefangene immer noch davon, befreit zu werden. Sie bildeten sich ein, deutsche Flugzeuge gesehen und Kanonendonner gehört zu haben, und hofften auf den großen Gegenangriff.

Inzwischen war es Frühling geworden. Peter »verschrieb« mir Sonne und ermunterte mich immer wieder, nach draußen in die Wärme zu kriechen. Unter dem Eindruck der zurückliegenden Geschehnisse und mit dem schmerzhaften Gefühl völliger Ausweglosigkeit führten wir stundenlange Gespräche.

Ich fühlte schon bald, daß wir über die Ursachen unserer trostlosen Situation gleicher Meinung waren. Peter war ein sehr religiöser Mensch, und so blieb es nicht aus, daß wir auch über Gott, über Schuld und Sühne sprachen. Jetzt war für mich der Moment gekommen, mit meinem Lebensretter frei über meine lange unterdrückten Gefühle zu sprechen.

Ich gestand, daß hier in Stalingrad meine letzten Illusionen zerbrachen, als ich erkennen mußte, daß man die deutschen Soldaten gezwungen hatte, zu töten und zu zerstören. Angesichts der unendlich vielen Toten auf beiden Seiten sowie unter den Zivilisten verfluchte ich die, welche diesen Krieg zu verantworten hatten.

Ich offenbarte ihm, wie sehr mich der Befehl zum Töten in Gewissenskonflikte getrieben hatte. Ich war erleichtert, als man mich von der MG-Gruppe abzog und als Melder einsetzte, wo der Waffengebrauch meiner Entscheidung unterlag.

Peter, als der Ältere und Erfahrenerer von uns beiden gab zu, es sich schon zu Beginn des Feldzuges zur Aufgabe gemacht zu haben, Menschen in Not zu helfen. So wurde er Sanitäter. Für ihn gab es keinen Unterschied zwischen verwundeten deutschen und russischen Soldaten.

Er erklärte mir auch, mein Geheimnis schon lange gekannt zu haben. Als wir am »Tennisschläger« in schwere Abwehrkämpfe verwickelt wurden, sei ihm meine Reaktion besonders aufgefallen.

Ich berichtete bereits darüber, wie der Gegner seine Soldaten in einen völlig sinnlosen Kampf hetzte. Angesichts der riesigen Berge von toten russischen Soldaten rastete ich damals aus und verfluchte dieses Abschlachten und den verdammten Krieg. Peter und einem anderen Kameraden gelang es damals, mich zu beruhigen und davor zu bewahren, folgenschwere Äußerungen herauszuschreien.

Natürlich sprachen wir in dieser ausweglosen Situation auch über unsere Familien. Peter hatte einen 14jährigen Bruder, der bis dahin noch nicht hatte eingezogen werden können.

Nach meiner Rückkehr in die Heimat erfuhr ich, daß der Junge schließlich doch noch mit 16 Jahren im Frühjahr 1945 an der »Heimatfront« gefallen war.

Trotz aller Gebete hatten wir bald noch Schlimmeres zu überstehen. Die Ruhr war ausgebrochen, und auch ich wurde von dieser Krankheit befallen.

Als Latrine dienten große, rechteckig angelegte Gruben, über die im erforderlichen Abstand Bretter gelegt worden waren. Mit Beginn der Ruhr füllten sich die Gruben schnell mit reinem Blut. Wenn auf den Brettern vor uns ein anderer Soldat saß, mußten wir jedes Mal mitansehen, wie das Blut aus dem Körper des Kameraden schoß. Da in der Nacht immer noch Frost herrschte, gefror das Blut schnell. Bald bildeten sich rote Eisgewächse, die sich bis zu den Abdeckbrettern auftürmten. Ich erinnere mich daran, wie zwei Kranke auf der Latrine vor Erschöpfung zusammenbrachen und hineinfielen. Den stark geschwächten anderen Kranken war es nicht möglich, ihnen zu helfen. Sie kamen aus eigener Kraft nicht heraus und mußten qualvoll ertrinken.

Nicht nur bei der Nahrungsverteilung bedienten sich die Russen deutscher Helfer. Es kam sogar soweit, daß sie Spitzel unter die Gefangenen schleusten. Dadurch waren die Russen über die Stimmung und politische Einstellung der Gefangenen stets auf dem laufenden. Diese Barackenspione waren teils Kommunisten, teils Angehörige ehemaliger deutscher Bewährungskompanien. In vielen Fällen hatte jedoch das große Elend die Charakterlosigkeit mancher Menschen offenbart, die für ein Stückchen Brot ihre Mitmenschen verrieten. Zu diesem Zeitpunkt wußten wir noch nicht, daß die Informationen dieser Leute den Russen später als Grundlage dafür dienten, unschuldige Gefangene wegen angeblicher Kriegsverbrechen zu Zwangsarbeiten von zwanzig Jahren und länger zu verurteilen.

Unter uns befanden sich zwei Angehörige einer ehemaligen Bewährungskompanie. Durch Bemerkungen der Russen bei Verhören wurden ihre Spitzeldienste jedoch sehr schnell aufgedeckt. Es kam zu einem furchtbaren Akt der Selbstjustiz. Beide Verräter wurden nachts im Blut der Latrine ertränkt. Ihr Fehlen wurde mit Hilfe der üblichen Meldung über die Todesraten vertuscht.

Seit es Frühling geworden war, breitete sich eine weitere

Krankheit aus: Malaria. Leider standen auch hier keinerlei Medikamente zur Verfügung.

All diese Krankheiten forderten einen hohen Preis. Unsere Reihen lichteten sich zusehends. Im August 1943 wurde nach Aussage der Totengräber in der vierzigsten Grube mit der Bestattung begonnen. Bis zu diesem Zeitpunkt waren also allein hier in Beketowka rund 40000 Gefangene zu Tode gekommen. Später erfuhr ich, daß sich die Zahl noch auf über 45000 erhöhen sollte. Sämtliche Toten dieser Massengräber bleiben namenlos vermißt.

Im Sommer 1943 kam uns zu Ohren, daß Exilkommunisten ein »Antifaschistisches Aktiv« gebildet hatten. Zu diesem Zeitpunkt ahnten wir noch nicht, welche negativen Auswirkungen das auf uns haben sollte. Außerdem erfuhren wir, daß zur gleichen Zeit von der für Gefangene zuständigen Abteilung des NKWD ein »Nationalkomitee Freies Deutschland« organisiert wurde. Mit der Leitung betraute man ebenfalls in erster Linie deutsche Exilkommunisten, teilweise aber auch deutsche Gefangene, die sich als Parteifunktionäre der ehemaligen DKP ausgaben. Hier trat auch General von Seydlitz in Erscheinung, der zum Sturz des Hitlerregimes aufrief und im September 1943 zu den Gründern des »Bundes deutscher Offiziere« gehörte. Diese Organisation war für Gegner des Nationalsozialismus gedacht, die nicht bereit waren, das »Nationalkomitee« zu unterstützen.

Durch eine Lagerparole wurden wir darüber informiert, daß bald eine Ärzte-Abordnung aus Moskau eintreffen sollte, um unseren Gesundheitszustand zu überprüfen. Wir stellten fest, daß man uns im Lager jetzt korrekter behandelte und sich sogar die tägliche Verpflegung etwas verbesserte.

Die Ärzte kamen tatsächlich. Angeblich war man in Moskau auf die hohe Sterberate der Gefangenen von Stalingrad aufmerksam geworden und wollte etwas dagegen unternehmen. Die Mediziner untersuchten die Lagerinsassen, waren sehr freundlich und nahmen mit echter Erschütterung Anteil an unserem Schicksal. Es lag auf der Hand: Sie wollten die wenigen, die von den 91000 in Gefangenschaft geratenen Soldaten noch übrig waren, retten. Die verbliebenen 1500

Gefangenen unseres Lagers wurden nach bestimmten Kriterien aufgeteilt, um in verschiedene Lazarette eingeliefert zu werden.

So wurde ich am 11. September 1943 von meinen beiden Kameraden und Lebensrettern Peter und Paul getrennt. Mit Tränen in den Augen nahmen wir voneinander Abschied.

Das endlose Leichenfeld in Stalingrad-Süd zwischen Beketowka und der Wolga. Hier entstanden im Jahre 1943 die im Buch beschriebenen Massengräber von insgesamt 45.000 Soldaten.
Die Lage dieser Gräber ist heute nur noch teilweise bekannt. Die meisten sind vermutlich überbaut worden.

Im Lazarett

Der Abtransport erfolgte in Viehwaggons. Es begann eine lange Fahrt, der Zug hielt oft für viele Stunden an. Wenn unsere Bewacher die Türen öffneten, fragten sie zuerst nach der Zahl der Toten: »Skolko kaputt?« Die Leichen, die während der langen Fahrt neben der Tür gestapelt worden waren, wurden dann ausgeladen.

Nach einer Woche standen wir für einen vollen Tag auf einem Abstellgleis. Als der Zug sich wieder in Bewegung setzte, bemerkten wir, daß wir um Moskau herumgeleitet wurden. Nach weiteren 400 Kilometern passierten wir Gorki und erreichten am 29. September 1943 endlich einen kleinen Ort namens Linda. Drei qualvolle Wochen im Viehwaggon waren überstanden. Beim Ausladen stellte sich heraus, daß wiederum mehrere Gefangene die letzte Strecke nicht überlebt hatten.

Seit acht Monaten waren wir alle schwerkrank – und nun kamen wir endlich in ein richtiges Lazarett. Auf der Fahrt hatte ich hohes Fieber bekommen: Es handelte sich um einen Malariaanfall. Eine junge Schwester betreute mich. Als sie mich badete und dabei meinen ausgemergelten Körper erblickte, brach sie in Tränen aus. Später, als ich mich nach langer Zeit zum erstenmal im Spiegel sah, verstand ich ihre Reaktion. Mein Körper war ein mit grauer Haut überzogenes Knochengerüst. Die Zwischenrippenräume und der Bauchraum waren stark eingefallen, die Beckenknochen unnatürlich ausgeprägt, und die fast völlig geschwundenen Muskeln waren nur noch als dünne Stränge erkennbar. Mein Schädel bestand aus Haut und Knochen, mein Gesicht war das eines alten Mannes. Dieser schnelle Alterungsprozeß war mir schon an anderen Gefangenen aufgefallen. Ich war jetzt ein Greis, obwohl ich drei Wochen zuvor erst 22 Jahre alt geworden war. Mein Gewicht betrug höchstens 38 Kilogramm.

Infolge der langen Fahrt und wegen des Fiebers konnte ich nicht mehr gehen. Man trug mich in ein sauberes weißes Bett. Nach all diesen Eindrücken war ich in jenem Moment seelisch vollkommen überfordert. Zuerst der Schock über mein jämmerliches Aussehen nach den jahrelangen Entbehrungen, und nun plötzlich diese neue Umgebung und freundliche Behandlung. Ich war einfach überwältigt und begann hemmungslos zu weinen. Die junge Schwester rief eine Ärztin, die mir über den Kopf strich und auf deutsch zu mir sagte: »Ist ja gut, weine ruhig.«

Man gab mir normales Essen, doch mein Magen nahm es nicht an; ich vertrug kein Fett mehr.

Die sympathische Ärztin nahm mich in der darauffolgenden Zeit unter ihre besondere Obhut. Ich erfuhr einiges über ihr Leben: Sie war Jüdin und sprach perfekt deutsch, da sie in Köln studiert hatte. Sie erzählte mir von ihrem Sohn, der in meinem Alter war. Wenn wir allein waren, sprachen wir nur deutsch miteinander.

Nach einigen Tagen brach erneut die Ruhr bei mir aus. Als sich mein Zustand nicht besserte, ordnete sie Blutübertragungen für mich an. Danach meinte sie scherzhaft: »Jetzt kannst du nicht mehr singen, du hättest deutsches Blut in den Adern.«

Als es mir allmählich wieder besser ging, überraschte sie mich eines Tages mit der Frage, ob ich gerne »Flönz« äße – das ist der rheinische Ausdruck für Blutwurst. Ich bejahte und bekam am nächsten Tag eine besondere Schwerkrankenkost. Die Blutwurst befand sich allerdings nicht im üblichen Darm, sondern mir wurde nur der Inhalt serviert. Ein Sanitäter berichtete mir, daß die Ärztin mein Essen selbst mitgebracht und in der Küche angerichtet habe.

Ein anderes Mal besorgte sie für unser Krankenzimmer Bücher in deutscher Sprache. Ich erinnere mich an Romane von Brecht sowie von anderen Autoren, deren Werke in Rußland gelesen werden durften.

Im Laufe der Zeit entwickelte sich zwischen uns ein Verhältnis wie zwischen einer Mutter und ihrem Sohn. Bald kannte sie meinen ganzen Lebenslauf. Von ihr erfuhr ich, daß sie hier ohne ihre Familie, ohne ihren Sohn lebte. Als ich sie fragte, ob ihr Sohn auch Soldat sei, verneinte sie, wobei ihr die Tränen in die Augen schossen. Ich fühlte, wie sie sich innerlich zurückzog. Offensichtlich konnte sie hierüber nicht sprechen, und so vermied ich es von da an, dieses Thema anzuschneiden.

Eines Tages überraschte sie mich mit einem anderen Gericht aus dem Rheinland: »Himmel und Erde« – gebratene Blutwurst mit Kartoffel-Apfel-Püree. Diesmal aß ich in ihrem Behandlungsraum, da es den anderen inzwischen auffiel, wie sie mich bemutterte.

Ganz langsam besserte sich mein Zustand. Nach einem Vierteljahr hatte ich mich so weit erholt, daß ich für russische Begriffe für leichte Arbeiten herangezogen werden konnte. Die Ärztin versuchte, mich noch etwas länger im Lazarett zu behalten. Bei zwei Inspektionen waren ihre Bemühungen erfolgreich. Doch am 30. Dezember 1943 – sie hatte an diesem Tag frei – wurde unerwartet ein Gefangenentransport zusammengestellt, und diesmal war ich dabei. So kam es, daß ich mich weder bei ihr bedanken noch von ihr verabschieden konnte. Zunächst bedrückte mich das etwas, aber bald kam ich zu der Überzeugung, daß es vielleicht so für uns einfacher war.

Waldarbeiter in Wolosniza

Wir wurden nicht in die üblichen Viehwaggons gesteckt, sondern in einen sogenannten GPU-Wagen. Diese wurden von der seit 1934 dem NKWD unterstellten Geheimpolizei der Sowjetunion, einer Vorgängerorganisation des KGB, für den Transport von Strafgefangenen genutzt. Sie verfügten wie Personenwagen über einen schmalen Seitengang, doch wo sich gewöhnlich die einzelnen Abteile befinden, waren Käfige angebracht. Wie Schränke waren sie durch drei Bretter in »Regale« unterteilt. Mit dem Kopf zur Außenwand des Waggons, die Füße in Richtung des Seitengangs, lagen in jedem Zwischenraum zwei Gefangene, die sich nicht aufrichten konnten. Als manche Gefangene infolge der Enge Tobsuchtsanfälle bekamen, wurden einige Querbretter am Fußende entfernt. So konnten wir uns wenigstens auf die unterste Ebene zwängen und auf dem Boden sitzen.

Am 31. Dezember 1943 wurde unser Waggon in einem kleinen Ort auf ein Abstellgleis geleitet. Gegen Abend gaben unsere Bewacher die Tagesverpflegung an uns aus: Jeder Käfig – also jeweils sechs Gefangene – mußte sich einen salzigen, geräucherten Fisch teilen. Da der Jahreswechsel bevorstand und unsere Wärter in Eile waren, vergaßen sie, uns mit Brot und Trinkwasser zu versorgen. Sie löschten das Feuer im Ofen und verschwanden.

Es wurde kälter und kälter. Die Aufteilung des Fisches bereitete uns große Probleme. Einige Gefangene reklamierten die unterschiedliche Größe der Stücke, einer forderte sogar, allein den Kopf in sechs gleiche Stückchen zu zerlegen. Diese Nichtigkeit führte zu einer endlosen Debatte, die im offenen Streit endete. Hier fühlte ich erstmals, daß etwas zerbrach, was uns in der Notzeit von Stalingrad zusammengehalten hatte: unsere Solidarität.

Der stark gesalzene Fisch verfehlte seine Wirkung nicht. Wir schrien nach Wasser, wir tobten und trommelten gegen die Wände der Waggons. Niemand erlöste uns von dem qualvollen Durst. Die Wachen kehrten erst am nächsten Tag zurück. In ihrer Trunkenheit wurden sie uns gegenüber sehr aggressiv. Als wir sie inständig um Wasser baten, schütteten sie es eimerweise und eiskalt durch die Gitter auf uns. Völlig durchnäßt zitterten wir in der großen Kälte.

Um die Mittagszeit des 1. Januar 1944 ging die Fahrt endlich weiter. Zuerst bewegten wir uns etwa 500 Kilometer Richtung Osten bis Kirow, daraufhin legten wir ungefähr die gleiche Entfernung noch einmal in nordöstliche Richtung zurück. Nach zwanzig Tagen Gefangenschaft in diesen Kästen erreichten wir Wolosniza im nördlichen Ural. Hier hielten sich vor allem russische Strafgefangene auf. Einem Hauptlager waren vier Nebenlager angeschlossen. Dort arbeiteten wir täglich zehn Stunden, wobei wir von strafversetzten russischen Militärs bewacht wurden. Jeweils vierzig Mann waren in einer Holzbaracke untergebracht, in der sich neben einem Mittelgang rechts und links durchgehende doppelstöckige Pritschen befanden. In den ersten Jahren lagen wir dort auf Holzbrettern. Wir schliefen auf Kleidungsstücken, die wir tagsüber getragen hatten, und deckten uns mit unseren Wattejacken zu, die wie die anderen Kleidungsstücke oft noch feucht waren. Nachts peinigten uns Wanzen. Viel später erhielten wir Decken – ich glaube, es war erst 1945, in der Zeit, als nach Kriegsende die ersten neuen Gefangenen zu uns stießen.

Monatlich wurden die deutschen Kriegsgefangenen durch eine Gesundheitsinspektion – sie bestand in einem Kniff in die Gesäßbacke – in Arbeitskategorien unterteilt und verschiedenen Lagern zugewiesen. Dort fällten wir Bäume, schnitten diese auf drei Meter lange Stämme zu, schleppten sie auf dem Rücken, stapelten und verluden sie.

In dieser Gegend dauert der eisige Winter neun Monate, doch auch während der übrigen Monate ist es kalt. Für alle Arbeiten hielten wir uns im Wald auf. Länger als einen Monat hielt mein Körper das nicht durch. Über Jahre hinweg befand ich mich daher im ständigen Wechsel zwischen Waldarbeits- und Erholungslager. Als Dystrophiker – also Hungerkranker – brauchte ich im Erholungslager zunächst nicht zu arbeiten, doch schon bald wurde ich auch hier zu leichten Arbeiten herangezogen. Meistens landete ich in der Wäscherei, die ein gutmütiger, über siebzig Jahre alter Russe leitete.

Dieser »Natschalnik« – so lautet das russische Wort für »Chef« – namens Kakulla war Strafgefangener. Er lebte schon seit Ewigkeiten in dieser Gegend. Einem Gerücht zufolge hatte er jemanden erschlagen. Wenn er bemerkte, daß ich mich im Erholungslager aufhielt, forderte er mich sofort als Arbeitskraft an. Ich glaube, er mochte mich – jedenfalls rief er mich »wnuk«, was im Russischen »Enkel« bedeutet. Er sah nur zweimal am Tag nach dem Rechten; dann holte ich in der Küche eine Suppe für ihn. Stets probierte er nur zwei Löffel davon und schob sie dann mir hin. Manchmal brachte er mir auch ein Stück Brot mit. Doch die gute Behandlung hatte ihren Preis: Ich nahm zu, und bei der nächsten Musterung stuften mich die Gesundheitsinspektoren durch den Kniff in den Po wieder als arbeitsfähig ein.

Ich wurde abermals ins Waldlager geschickt, und dort kam es zu einem schlimmen Zwischenfall. Nachdem wir den ganzen Tag lang zugeschnittenes Holz getragen und gestapelt hatten, traten wir abends erschöpft den Weg zum Lager an. Die Sohlen meiner Filzstiefel waren aufgeweicht und hatten sich gelöst; ich ging daher auf nassen Fußlappen durch den Schnee. Der Fahrer des sogenannten Suppenschlittens hatte mir daraufhin erlaubt, auf ein Pferd zu steigen. Der Führer der Wachmannschaft hatte das bemerkt. In Unkenntnis des Sachverhalts ritt er von hinten heran und schlug mich mit mehreren Peitschenhieben vom Pferd herunter.

Als ich wieder zu mir kam, lag ich auf dem Schlitten; die leeren Suppenkübel waren abgeladen worden und wurden nun von Mitgefangenen getragen. Ich hatte Platzwunden an Kopf und Hals davongetragen; mein Arm war verstaucht, meine Wattejacke blutig und zerrissen. Meine Verletzungen sahen offenbar schlimmer aus, als sie waren, und der russische Offizier, der mich so zugerichtet hatte, war plötzlich sehr besorgt. Im Lager angekommen, bestellte er den Schlitten zu seinem Haus, das außerhalb des Lagers lag. Er selbst half mir ins Haus und übergab mich der Obhut seiner Frau, die meine Wunden wusch und versorgte. Ich erhielt frische Wäsche und ein Lager auf dem Kamin. Meine neuen Betreuer wußten, welches Essen ich vertrug, und richteten sich danach. Etwa drei Wochen lang lebte ich im Kreis dieser Familie. In dieser

Zeit half ich der Frau des Offiziers im Haushalt: Ich putzte die Fenster, kümmerte mich um die Wäsche, bügelte, hackte Holz und schaufelte Schnee. Zum Abschied schenkte mir der Offizier eine neue Wattejacke, eine Pelzmütze und ein Paar Filzstiefel.

Diesmal hatte ich mich zu gut erholt. Erstmals wurde ich einer Brigade zugeteilt, die schwere Arbeit zu verrichten hatte: Wir waren für die Holzverladung bei Nacht zuständig. Abends um 19 Uhr begann unser zehnstündiger Dienst in der dunklen, eiskalten Nacht. Eigentlich hätten wir bei mehr als vierzig Grad unter Null nicht mehr arbeiten sollen, aber diese Bestimmung galt offenbar nicht während der Nacht – es wurden jedenfalls keine Kontrollen durchgeführt. Ein Zug brachte uns täglich vom Waldlager zur Arbeitsstelle. Es gab darauf keine geschlossenen Waggons, sondern nur eine freiliegende Plattform, auf die sich die dreißig Mann unserer Gruppe jedesmal schnellstmöglich stürzten, um einen der Plätze in der Mitte zu erkämpfen. Wir lagen dicht an dicht; wer am Rande lag, war der Kälte und dem eisigen Fahrtwind ausgesetzt. Manchmal trugen einige von uns Erfrierungen davon. Nach 45 Minuten trafen wir an der Verladerampe ein, wo wir einen Güterzug abfertigen mußten. Wir schufteten bis zum Umfallen, um die Kälte nicht zu spüren.

Bei dieser Arbeit trugen jeweils zwei von uns Baumstämme auf der Schulter, die zwei bis drei Meter lang waren. Einmal hatten wir einen besonders dicken Stamm zu bewältigen. Wir keuchten unter der Last. Gerade waren wir mit dem Abladen beschäftigt, als ich plötzlich einen schrecklichen Schmerz im Kiefer verspürte. Ich schrie laut auf. Mein Kamerad drehte mein Gesicht ins Licht und rief: »Deine Backen sind ja geschwollen! Laß mal sehen!« Er war Zahnarzt und stellte an einem Zahn eine starke Vereiterung fest. Für den nächsten Tag bestellte er mich in seine Baracke. Als ich kam, suchte er sein Werkzeug. »Wer hat meine Zange?« rief er.

»Moment, ich muß mir damit erst noch schnell einen Nagel aus dem Schuh ziehen!« antwortete einer seiner Kameraden, bevor er ihm das Gerät, eine gewöhnliche Kneifzange, überreichte. Zwei Mann hielten mich fest, als der Zahn gezogen wurde.

Nach einiger Zeit häuften sich im Lager die Zahnerkrankungen – besonders unter denjenigen, die schon einige Jahre in Gefangenschaft waren. Es handelte sich um Symptome von Skorbut, einer durch Vitamin-C-Mangel hervorgerufenen Krankheit, die zu Schleimhautblutungen, Geschwüren und Zahnausfall führt. Die andauernden starken Schwellungen an unseren Füßen waren ebenfalls darauf zurückzuführen. Deshalb wurde nun eine neue Medizin für Kriegsgefangene »gebraut«: Tannennadeln, an denen in dieser Gegend kein Mangel herrschte, wurden in der Küche mit kochendem Wasser überbrüht. Von da an traten wir morgens und abends an, um unter Aufsicht diese bittere Brühe zu trinken.

Inzwischen war mit Billigung der Russen im Lager eine neue herrschende Klasse entstanden, die sich aus deutschen Gefangenen zusammensetzte. Es waren Mitglieder des »Antifaschistischen Aktivs«, ehemalige deutsche Kommunisten und zweifelhafte Individuen, die das Vertrauen der Russen besaßen. In der Lagerleitung nahmen sie Führungsstellen der einstigen Wehrmachtsoffiziere ein. Man konnte sie gut erkennen, diese neuen Lagerherren im Dienste der Sowjets: In Zivil gekleidet, oft eleganter als die russischen Offiziere, bewegten sie sich im Lager; sie verrichteten nur leichte Arbeiten, während die Kameraden schufteten; sie waren im Winter warm bekleidet, wenn die anderen Gefangenen in ihren Lumpen frieren mußten; sie waren gutgenährt, hatten immer ausreichendes Essen, während die Masse der Gefangenen hungerte. So waren die deutschen Gefangenen der mitunter brutalen »Herrschaft« ehemaliger Kameraden ausgeliefert.

1945, als die Kämpfe um Stalingrad zwei Jahre zurücklagen, trafen mit Beendigung des Krieges neue Gefangene bei uns ein, die uns vom deutschen Zusammenbruch berichteten. So erhielten wir erstmals aus sicherer Quelle diese Informationen, die wir den Russen zuvor nie geglaubt hatten.

Wegen der hohen Todesrate, aber auch wegen des Gefangenenaustauschs, der zwischen verschiedenen Lagern stattfand, waren allmählich immer weniger Mitgefangene aus Stalingrad unter uns. Die neuen Gefangenen waren durchweg viel älter oder aber noch jünger als ich. Mir fiel auf, wie schwer es für sie war, sich auf die neuen Lebensbedingungen im Lager einzustellen. Zunehmend vermißte ich unter uns die Kameradschaft, die ich als junger Mensch besonders in der ausweglosen Zeit im Kessel von Stalingrad erlebt hatte. Vielleicht lag die völlig andere Einstellung der Neuankömmlinge daran, daß ihnen eine Leidenszeit wie in meinem ersten Todeslager Beketowka erspart geblieben war. Hier dachte jetzt jeder zuallererst an sich selbst. Eigenschaften wie Hilfsbereitschaft und Einsatz für die anderen, die wir früher ganz selbstverständlich untereinander gepflegt hatten, waren bis auf wenige Ausnahmen verschwunden. An die Stelle von Zusammenhalt und Solidarität traten nun oftmals Unfrieden und Neid.

Zu den Ausnahmen zählte ein Ostpreuße aus meiner Arbeitsbrigade. Tagsüber verrichteten wir gemeinsam schwere Arbeit im Wald, abends lagen wir nebeneinander auf unseren Pritschen und sprachen oft über unsere Heimat. Er hatte das Bild und den Schriftzug »Stalingrad« gesehen, den ein Künstler auf meinem Kochgeschirr eingraviert hatte, und sich daraufhin nach meinen Erlebnissen der vergangenen Jahre erkundigt. Mit großer Erschütterung hatte er meine Berichte aus dem Todeslager Beketowka gehört.

In dieser Zeit sprach mich ein Mitglied des »Antifaschistischen Aktivs« an, ein Österreicher, der in Stalingrad dabeigewesen war. Auch er war auf mein kunstvoll graviertes Kochgeschirr aufmerksam geworden und wollte es mir abkaufen. Im Gegenzug bot er mir Brot und seine tägliche Suppe an. Er machte nicht den Eindruck eines jener Schmarotzer auf mich, die beim Aktiv sehr zahlreich waren. Ich war mir darüber im klaren, daß ich niemals in die Lage kommen würde, mein Kunstwerk mit nach Hause zu nehmen. Darum sagte ich nicht grundsätzlich nein, sondern vertröstete ihn auf einen späteren Zeitpunkt, da mir dieses Kochgeschirr viel bedeutete.

Als wir eines Tages besonders gut gearbeitet hatten, erhielten wir am Abend die doppelte Brotration. Ich sparte mir, wie viele andere, eine Hälfte für den nächsten Tag auf und legte sie in mein Kochgeschirr, das über dem Kopfende meines Lagers hing. Am nächsten Morgen war es mitsamt seinem Inhalt verschwunden.

Schmerzhafter als der Diebstahl des Brotes war für mich der Verlust des Geschirrs. Mein Nachbar half mir bei der Fahndung – vergeblich. Einige Zeit später sprach mich erneut jener Angehörige des »Antifaschistischen Aktivs« an, der sich zuvor für das Geschirr interessiert hatte. Er fragte mich, warum ich mein Kochgeschirr an einen anderen verkauft hätte. Nachdem ich ihn aufgeklärt hatte, ging er der Sache nach. Er kannte den neuen Besitzer und ermittelte schnell den Mann, der diesem das Diebesgut verkauft hatte: Es war mein Pritschennachbar, der vordergründig gute Kamerad, mit dem ich lange Zeit zusammengearbeitet und dem ich voll vertraut hatte. Der Dieb wurde noch am gleichen Tag aus meiner Baracke in ein Nebenlager verlegt.

Ich war maßlos enttäuscht und kam zu der traurigen Erkenntnis, daß ich mich nicht mehr wie früher auf meine Kameraden verlassen konnte. In dieser Zeit zog ich mich völlig von sämtlichen Mitgefangenen zurück. Ganz auf mich allein gestellt, sprach ich oft tagelang kein Wort. Manchmal, wenn wir durch klirrende Kälte zur Arbeit oder von dort zurück zum Lager trotteten, vergaß ich einfach alles um mich herum. Ich verdrängte die Wirklichkeit und war in Gedanken daheim. Dann durchlebte ich meine Jugend- und Schulzeit vor dem Krieg, aus der man mich gegen meinen Willen und ganz plötzlich einfach herausgerissen hatte. Ich hatte Heimweh und das Gefühl, mich einmal richtig ausweinen zu müssen. Aber ich konnte nicht – ich hatte keine Tränen mehr.

Die Zeit verstrich schrecklich langsam, Stunde für Stunde, Tag für Tag. Mal galt ich als arbeitsfähig, mal verließen mich meine Kräfte und ich wurde als Dystrophiker eingestuft. Im September 1945 wurde ich mit einer schweren Magen- und Darmkrankheit in das Lagerlazarett eingeliefert. Ich konnte nichts mehr essen – jede Nahrungsaufnahme führte zu starken Schmerzen. Als sich mein Zustand nicht besserte, riet der deutsche Arzt zu einer Operation. Doch die russische Ärztin willigte nicht ein und behandelte mich weiterhin mit Medikamenten.

Zu dieser Zeit wurde der erste Heimtransport nach Deutschland zusammengestellt. Dafür wählte man die Schwachen, Kranken und alten, nicht arbeitsfähigen Gefangenen aus. Sie waren alle erst bei Kriegsende 1945 in Gefangenschaft geraten. Ein Sanitäter erzählte mir, daß auch ich auf der Liste stünde. Doch mein Zustand ließ offenbar noch keinen Transport zu, und so fuhr der Zug in die Heimat ohne mich ab.

Endlich trat eine Besserung ein, und ich erhielt allmählich wieder leichte Kost. Eines Tages ließ mir die Ärztin einen Teller mit leicht gebräunten Bratkartoffeln und Gemüse bringen. Ich lag im Bett und betrachtete diese Herrlichkeit lange Zeit. Viele Jahre hatte ich so etwas nicht gesehen. Ich wagte zuerst nicht zu essen. Einerseits wußte ich nicht, ob mein Magen es annehmen würde, andererseits war mir klar, daß ich sofort aus dem Lazarett ins Arbeitslager entlassen würde, wenn ich das Gericht essen und auch vertragen würde. Ich versuchte vorsichtig ein Stückchen Kartoffel, dann noch eins, dann ein weiteres. Schnell war es geschehen: Ich hatte alles aufgegessen. Nach ein paar Tagen wurde ich entlassen.

Ein Heimkehrer aus dem ersten Transport besuchte Weihnachten 1945 meine Eltern und teilte ihnen mit, daß ich noch lebte. Meine Eltern zeigten ihm ein Bild, auf dem ich mit drei Kameraden zu sehen war. Ich hatte es im Jahr 1942 nach Hause geschickt. Sie wollten sichergehen, daß er tatsächlich mich auf dem Bild erkannte. Er deutete richtig auf mich, fügte jedoch hinzu, daß ich inzwischen anders aussähe. Ich sei jetzt viel älter, nach den langen Jahren sei ein Mann aus mir geworden.

Da er die Erkennungsnummer unseres Lagers nicht kannte, beschrieb er meinen Eltern die Bahnstrecke dorthin und nannte den Ortsnamen des Lagers. Sie schickten daraufhin einen Brief an mich ab, auf dessen Umschlag sie als Adresse meinen Namen und mit jeweiliger Entfernungsangabe die Bahnstrecke von Moskau über Gorki und Kirow nach Wolosniza geschrieben hatten. Der Brief erreichte mich tatsächlich fünf Monate später im Mai 1946. Es war eine Sensation – das erste Mal, daß ein Gefangener Post erhielt. Die Nachricht ging wie ein Lauffeuer durch das ganze Lager. Plötzlich war ich unter den Inhaftierten eine Berühmtheit, jeder wollte den Umschlag sehen. Selbst für die Russen grenzte es an ein Wunder – sie selbst bekamen oft jahrelang keine Post.

So verging Monat für Monat, Jahr für Jahr. Hin und wieder verließen uns Gefangene, die in die Heimat gebracht wurden. Es gelang mir einfach nicht, genau zu dem Zeitpunkt, zu dem ein solcher Transport zusammengestellt wurde, in schlechter körperlicher Verfassung zu sein.

Die Verpflegung bestand aus einem ewigen Einerlei. Alle drei Monate erreichte uns ein Zug mit Lebensmitteln. Abwechselnd erhielten wir Hirse, Graupen sowie Sojabohnen- und Buchweizenmehl. Doch der Plan wechselte nicht etwa täglich. Vielmehr wurde nur eines dieser Nahrungsmittel für jeweils drei Monate angeliefert, so daß wir beispielsweise ein Vierteljahr lang dreimal täglich eine Hirsesuppe und dazu einmal am Tag 150 Milliliter »Kascha« (Hirsebrei) erhielten. Wenn der dritte Monat einer Verpflegungsperiode begann, merkten wir schon an der immer dünner werdenden Suppe, daß der Vorrat langsam zu Ende ging. Die russischen Strafgefangenen, die die Ämter für die Versorgung der Kriegsgefangenen bekleideten, unterschlugen regelmäßig so viele Lebensmittel, daß sie nicht mehr für die vorgesehene Zeit ausreichten.

Einmal arbeitete ich in einer Gruppe, die für das Ausladen von Waggons zuständig war. Dabei trugen wir Körbe, die mit gepreßten Sojamehlplatten gefüllt waren, auf der Schulter zum Magazin. Trotz eindringlicher Warnung der Russen, hiervon im eigenen Interesse nichts zu essen, verzehrten einige von uns, soviel sie konnten. Die Preßplatten lösten sich im Magen auf und wuchsen zu einem Vielfachen ihres ursprünglichen Volumens an. Unter unerträglichen Schmerzen wurden fünf Mann ins Lazarett eingeliefert. Zwei von ihnen verstarben.

Im November 1946 wurde ein neuer Lagerkommandant bestimmt. Er war sehr streng, suchte aber auch den Kontakt zu uns Gefangenen. So überraschte es nicht, als er eines Tages vorschlug, zu Weihnachten eine Feier zu veranstalten. Der Zufall wollte es, daß in diesem Jahr der Heiligabend auf unseren »zehnten Tag« fiel. Jeder zehnte Tag war damals in der Sowjetunion ein Ruhetag für die Werktätigen. Wir sagten begeistert zu und begannen sofort mit den Vorbereitungen. Der ehemalige Dirigent eines deutschen Tanzorchesters übernahm die musikalische Leitung des Abends: Er stellte einen Lagerchor zusammen und brachte eine Gruppe von Gefangenen dazu, mit dem Mund Trompeten und Saxophone zu imitieren und dadurch ein Orchester zu ersetzen. Zuerst studierten die Musikanten den Strauß-Walzer »An der schönen blauen Donau« ein; bald folgten schmissige Rumbarhythmen. Dieses Engagement bewog den Lagerkommandanten, uns ein Akkordeon und eine Geige zur Verfügung zu stellen. Wir studierten sogar einen kurzen Bühnenschwank ein, bei dem unser Lagerkoch eine dralle, liebeshungrige Magd mit langen Zöpfen darstellte.

Als die Vorbereitungen auf Hochtouren liefen, begannen einige ältere Gefangene, starken Protest zu äußern. Sie plädierten für eine stille, deutsche Feier, wie sie dem Heiligabend angemessener sei. Da uns für unser Programm nur dieser eine Tag zur Verfügung stand, einigten wir uns schließlich darauf, beide Vorschläge miteinander zu vereinen und das Fest zuerst still, später temperamentvoller zu begehen.

Daraufhin kam ein älterer Gefangener, ein ehemaliger Lehrer, zu mir und bat mich, ein Weihnachtsgedicht vorzutragen. Ich erinnerte mich daran, wie ich durch den ersten Brief, den ich von zu Hause erhalten hatte, im ganzen Lager bekannt geworden war, und lehnte sofort ab. Ich wollte, wie in den Jahren zuvor, im Lager unbekannt bleiben. Aber der Mann ließ nicht locker. Einige befürchteten, der besinnliche Teil der Feier könne zu kurz kommen. Jemand schrieb den Text eines Gedichtes nieder, und die anderen erwarteten von mir, daß ich ihn lernte.

Inzwischen hatten wir in einer Baracke eine improvisierte Bühne aufgebaut. Das Bühnenbild bestand aus einigen Tannen. Für den größten Baum hatten die Russen uns sogar einige Kerzen zur Verfügung gestellt.

Endlich war Heiligabend. Mittags aßen wir eine dicke Hirsesuppe mit Fischeinlage, die wir uns zwei Wochen lang vom Mund abgespart hatten. In der vorangegangenen Zeit war unsere tägliche Suppe daher sehr dünn ausgefallen, und wir hatten außerdem mehrmals auf unsere Fischportionen verzichtet.

Nachmittags begann die Feier. Der Kommandant kam mit einigen Soldaten, und die russischen Strafgefangenen, die in der Lagerleitung arbeiteten, durften ebenfalls teilnehmen.

Unser Chor begann mit »Vom Himmel hoch, da komm' ich her«. Nachdem ein Akkordeonspieler deutsche Weihnachtslieder vorgetragen hatte, wurden die Lampen in der Baracke gelöscht. Meine Kameraden hatten mich in einen weißen Schneeanzug gesteckt, und nun trat ich zwischen den Bäumen mit den Worten hervor:

*Von drauß' vom Walde komm' ich her,
ich muß euch sagen, es weihnachtet sehr!*

Als bei der letzten Strophe eine Geige ganz leise »Stille Nacht, heilige Nacht« anstimmte, bekamen viele – ich eingeschlossen – für einen Moment feuchte Augen. So wurde auch der besinnliche Teil des Festes ein großer Erfolg. Ein Bariton mit guter Stimme befand sich unter uns; er sang das »Ave Maria«. Als wir später auch Franz Lehárs Wolgalied – »Es steht ein Soldat am Wolgastrand« – anstimmten, befürchtete ich, es könnte eine Verstimmung unter den Russen eintreten. Das Gegenteil war jedoch der Fall: Sie summten sogar mit und ließen sich später dazu hinreißen, »Kalinka«, das russische »Lied der Balalaika«, zu singen und dazu zu tanzen. Für einige Stunden waren wir fast unbeschwert.

Später, auf meiner Pritsche, dachte ich an die letzte Weihnacht, die ich 1940 in der Heimat zugebracht hatte. Das Fest war damals gleichzeitig mein Abschied gewesen, denn wenige Tage später war ich eingezogen worden. Nur ein Jahr später, Heiligabend 1941, hatten wir bereits im Süden Rußlands in unserer Winterstellung am Mius gelegen und uns dort zu einer Feier zusammengefunden. Diese mußte jedoch abgebrochen werden, als russisches Sperrfeuer einsetzte. Ein Jahr später verbrachte ich den Heiligabend 1942 in Stalingrad. Das heutige Fest war für mich schon die sechste Weihnacht, die ich fern meiner Heimat zubrachte. Warum gab es ihn für uns immer noch nicht, jenen vielbeschworenen »Frieden auf Erden«?

Am ersten Weihnachtstag holte uns die Wirklichkeit wieder ein: Es war der harte Arbeitstag eines Kriegsgefangenen im eiskalten Rußland.

Am Ende meiner Kräfte

Im Sommer 1947 – ich war jetzt viereinhalb Jahre in Gefangenschaft – wurde eine Verfügung erlassen, derzufolge Kriegsgefangene nicht mehr in Gebieten untergebracht werden durften, die sowjetischen Straftätern vorbehalten waren. Also verlud man uns. Einer Lagerparole zufolge sollte es heimwärts gehen, doch diese Hoffnung erfüllte sich nicht. Im Juni erreichten wir Armavir im Kaukasus. Als Folge der langen Bahnfahrt litt ich an schweren Ödemen in den Beinen und konnte bei unserer Ankunft kaum gehen. Also wurde ich sofort ärztlich betreut und anschließend nur für leichte Arbeiten auf der Kolchose eingeteilt. Meine Aufgabe bestand darin, als Wachtposten nachts auf den Feldern aufzupassen, daß die einheimische Bevölkerung keinen Mais stahl. In dieser Zeit litt ich wiederholt am Wolhynischen Fieber, das meistens vier bis fünf Tage anhielt.

Im Februar 1948 wurden wir nach Mariupol am Asowschen Meer verlegt. Da wir uns im Kaukasus etwas erholt hatten, wurde unsere Brigade zu Arbeiten in den Asowschen Stahlwerken eingeteilt. Dort arbeitete ich an der Walzenstraße und entfernte mit einem langstieligen Besen stundenlang den Zunder von rotglühenden Panzerplatten, die aus der Walze glitten. Es herrschte eine enorme Hitze, und wir arbeiteten mit entblößtem Oberkörper. Obwohl wir während dieser schweren Arbeiten mehr Brot erhielten, brach ich nach einer Woche an der Walzenstraße zusammen und wurde mit Blaulicht ins Lazarett gefahren.

Als es mir etwas besser ging, stufte man mich wieder für »leichte Arbeiten« ein. Also wurde ich dem Straßenbau zugeteilt. Für einen Abwasserkanal, der vom Stahlwerk zum Meer führen sollte, führten wir die erforderlichen Erdarbeiten aus. Auch hier lebte ich im ständigen Wechsel zwischen Arbeitsfähigkeit und den Folgen meiner Unterernährung. Oft fühlte ich mich wie eine Maschine, die nach kurzem Lauf regelmäßigen Inspektionen unterzogen und anschließend überholt wird.

Mit unserer Beschäftigung im Stahlwerk und Straßenbau machten wir sowjetischen Arbeitsbrigaden Konkurrenz. Es kam oft vor, daß diese sich bei uns beschwerten, weil wir mit unserer Arbeitsweise die festliegenden Normen übererfüllten und ihnen damit Schaden zufügten. Also paßten wir uns durch langsameres Arbeiten der Norm an, was sich allerdings bei der Vergabe der Brotrationen nachteilig für uns auswirkte. Ich hörte später in der Heimat, daß deutsche Gefangene in einigen Lagern für ihre Arbeiten Rubel erhalten haben. Dies war jedoch nicht die Regel; in den Straflagern des Ural zahlte man uns kein Geld. Für gute Arbeiten erhielten wir höchstens ein paar Gramm Brot mehr. Ich erinnere mich an einen einzigen Fall, als ich in Mariupol einmal zwölf Rubel verdiente, wovon ich mir zwei Gläser Buttermilch leistete. Unsere Brigade war damals an eine Baufirma ausgeliehen worden, die unsere Tätigkeit entlohnte.

Da jetzt ständig Heimtransporte zusammengestellt wurden, rechnete ich fest damit, bis Weihnachten 1948 nach Hause zu kommen. Doch wieder war mein Schicksal nicht vom Glück begünstigt. Stets war ich zum falschen Zeitpunkt in schlechter Verfassung. Für mich wirkte es sich nachteilig aus, daß immer nur meine jeweilige Krankheit oder der vorübergehende Zustand einer Dystrophie behandelt wurden, über meine jahrelangen Beschwerden jedoch keine Aufzeichnungen existierten. Als Gefangenem fehlte mir jede Möglichkeit, dies den Ärzten deutlich zu machen.

Anfang 1949 – ich befand mich jetzt volle sechs Jahre in Gefangenschaft – wurde ich wegen besonders schwerer Malaria mit Fieber bis über 41 Grad ins Lazarett eingeliefert. Ich war tagelang bewußtlos und wurde künstlich ernährt.

Als die Krankheit überstanden war, befand ich mich in einem jämmerlichen Zustand. Wie üblich sollte ich jetzt wieder aufgepäppelt werden. Doch ich hatte mir geschworen, dieses Mal nicht mehr mitzumachen. Das war in meiner Verfassung ein sehr gewagter Vorsatz, doch inzwischen war mir alles egal. Ich wollte endlich nach Hause oder sterben. So begann ich eine gefährliche Hungerkur. Ich aß täglich nur ein wenig Suppe, das Brot ließ ich trotz meines ständigen Hungers verschwinden. Die Ärztin wunderte sich, daß sich mein Zustand nicht besserte, und äußerte offen ihren Verdacht, daß ich hungere. Einmal sagte sie: »So kommst du mir nicht heim.«

Als ich unter Aufsicht essen mußte, steckte ich das Brot in einem günstigen Augenblick in den Schlitz meiner weißen Lazaretthose und ließ es bis zum Knöchel nach unten rutschen – die Hosen wurden über dem Knöchel mit zwei Bändern zugeschnürt. Später ließ ich das Brot in der Toilette verschwinden. Bei meinem quälenden Hunger kostete mich dies unglaubliche Überwindung.

Mittlerweile lag ich seit sechs Wochen wegen schwerer Dystrophie im Lazarett – und dann hatte ich tatsächlich Glück. Als die Ärztin eines Tages abwesend war, wurde kurzfristig ein Transport zusammengestellt. Diesmal war ich endlich dabei!

Heimkehr

Die lang herbeigesehnte Fahrt begann. Doch schon in Stalino wurden wir angehalten und mußten aussteigen. Alle ahnten, was bevorstand: Wieder einmal wurden wir durch den berühmten Kniff in den Po gemustert. Während ich untersucht wurde, entspann sich ein lebhaftes Gespräch zwischen zwei Ärzten, von dem ich nichts verstand. Ich glaubte jedoch zu hören, daß einer der beiden mich »arbeitsfähig« schreiben wollte. Mir wurde übel vor Angst. Ich besann mich erst wieder, als mir jemand einen Klaps gab: Ich durfte weitergehen. Fünf von uns »abgewirtschafteten« Gestalten wurden aber tatsächlich wieder als »arbeitsfähig« eingestuft. Im Gegenzug stießen fünf andere Gefangene zu unserem traurigen Haufen, die im Bergwerk von Stalino nicht mehr eingesetzt werden konnten. Für mich war alles noch einmal gutgegangen. Ein Mitgefangener berichtete mir, daß die Ärzte während meiner Musterung über meine schlechte Verfassung gesprochen hätten. Einer der beiden hatte vorgeschlagen, mich vor der Reise erst einmal in ein Haus für Dystrophiker zu schicken.

Der glückliche Ausgang dieses Zwischenfalls hielt mich nicht davon ab, unter großen Qualen weiterzuhungern. Nach all den vielen Enttäuschungen war ich mißtrauisch geworden. Ich hielt durch, bis wir die polnische Grenze erreichten. Wegen der hier wechselnden Gleisbreite stiegen wir in andere Waggons um und wurden ein allerletztes Mal durch russische Soldaten gefilzt. Außer Fotografien nahmen sie uns alles ab.

Ich konnte es nicht fassen: Dies war das Ende meiner mehr als sechs Jahre währenden Gefangenschaft!

Ende März 1949 erreichten wir Frankfurt an der Oder. Dort wurden wir gezwungen, an einer politischen Veranstaltung teilzunehmen, bei der Wilhelm Pieck und Otto Grotewohl, die beiden Vorsitzenden der SED, uns zu instruieren versuchten. Mich interessierte das alles nicht. Vorsichtig begann ich wieder mit der Nahrungsaufnahme. Nachdem wir Telegramme mit der Nachricht unserer Rückkehr nach Westdeutschland aufgegeben hatten, setzten wir unsere Reise fort. Nach einem Aufenthalt in Erfurt, wo uns bei einer weiteren Veranstaltung erneut die Vorzüge eines Lebens im sozialistischen Teil Deutschlands vor Augen geführt wurden, erreichten wir Friedland und gelangten von dort in die westlichen Besatzungszonen.

Unter uns Heimkehrern befanden sich auch einige der ehemaligen Gefangenen, die im Dienste der Sowjets unsere Lagerherren gewesen waren. Einer von ihnen stand während der Fahrt zeitweise im Seitengang neben mir. Solange wir durch die Sowjetische Besatzungszone gefahren waren, hatte er große Reden geschwungen. Angewidert war ich in mein Abteil zurückgekehrt. Nach dem ersten Halt im Westen war er verschwunden. Kameraden hatten ihn davon überzeugt, daß man sich so schnell wie möglich voneinander trennen müsse. Er war, begleitet von wüsten Beschimpfungen, brutal zusammengeschlagen geworden.

In den russischen Lagern waren wir Gefangenen ohnmächtig gegen Spitzel und Kameradenschinder gewesen. Doch in einigen von uns hatten sich unbändige Rachegefühle angestaut, die sich auf dieser Fahrt entluden. Als wir weiterfuhren, hörten wir draußen auf dem Korridor großen Lärm. Kurze Zeit darauf trat ein Kamerad in unser Abteil und berichtete uns von der Ursache des Tumults: Zwei Mann hatten einen dieser Verräter, der vor Angst winselte, mit dem Kopf voran durch das offene Flurfenster aus dem fahrenden Zug geworfen.

Es hatte sich herumgesprochen, daß sich auf unserem Heimkehrertransport ein ehemaliger Stalingrad-Kämpfer befand. Der Zug hielt an verschiedenen Bahnhöfen, und die Menschen riefen: »Stalingrad! Stalingrad!« Sie liefen den Zug entlang und hielten uns durch die Fenster große Schilder mit einem Bild ihres Angehörigen entgegen. Ich erinnere mich an die erschütternde Begegnung mit der verzweifelten Mutter eines Stalingrad-Kämpfers auf dem Bahnhof Westig in Westfalen. Ich schenkte ihr die Blumen, die ich an der letzten Station erhalten hatte.

Bevor der Zug meine Heimatstadt Düsseldorf anfuhr, wurde ich in Langenberg, einem kleinen Städtchen zwischen Velbert und Hattingen, aufgehalten. Aufgrund von Notizen, die in Friedland zu meinem Zustand aufgenommen worden waren, wollte man mich im Krankenhaus behalten. Doch ich flehte die Ärzte an, mich endlich nach Hause zu entlassen. Dieses Mal erfüllten sie meinen Wunsch. Doch selbst wenn sie es nicht erlaubt hätten, wäre ich nicht in Langenberg geblieben. Die Zeit, in der andere über mein Leben bestimmt hatten, war zu Ende.

Als ich mit dem Bus meine Heimatstadt erreichte, wurde es bereits dunkel. Ich kannte eine Adresse meiner Eltern, die sie mir in einem Brief mitgeteilt hatten. Als ich das Haus – vielmehr das, was von ihm übrig war – gefunden hatte, hörte ich, daß meine Eltern am gleichen Tag in das Gebäude umgezogen waren, in dem meine Schwester wohnte. Also machte ich mich wieder auf den Weg.

In der Dunkelheit wurde ich nochmals aufgehalten: Unvermittelt stand ich vor einem Abgrund. Hier hatte sich früher eine Brücke über den in zehn Metern Tiefe gelegenen Eisenbahngleisen befunden. Diese Brücke war gesprengt worden. Der Versuch, an anderer Stelle weiterzukommen, mißlang ebenfalls. Im dritten Anlauf stieß ich auf eine Notbrücke, die mir den Übergang ermöglichte.

Nach diesen Umwegen erreichte ich endlich den Ort, den ich mehr als acht Jahre zuvor an einem frühen Morgen – ebenfalls in der Dunkelheit – verlassen hatte. Meine hochschwangere Schwester öffnete die Tür. Endlich konnte mich meine Familie, die mich seit zwei Tagen auf dem Bahnhof erwartet hatte, in die Arme schließen.

Einen Tag darauf wurde ein Junge geboren. Er erhielt den Vornamen seines zurückgekehrten Onkels, dessen Leben eigentlich auch jetzt erst begann.

Endlich war alles vorbei. Was aber andauert, sind Erinnerungen an die Menschen, die die Apokalypse des Krieges zweimal erleiden mußten, die Hölle im Kessel und im Todeslager von Beketowka: die lebenden Toten von Stalingrad.

Nachwort

Nach meiner Heimkehr versuchte ich, die schrecklichen Erlebnisse zu verdrängen. Doch die Erinnerungen ließen mich – besonders bei Nacht – nicht los. In meinen Träumen hörte ich immer wieder die Schreie der sterbenden Soldaten von Stalingrad. Es vergingen viele Jahre, bis ich mich hiervon befreit hatte.

Jahrzehnte später wurde ich durch eine schicksalhafte Begegnung in Fernost noch einmal von der Vergangenheit eingeholt. Tokio 1995: Wie in jedem Jahr seit Eintritt in den Ruhestand weilte ich einige Wochen in Japan, das für mich schon fast zu einer zweiten Heimat geworden war. Zusammen mit japanischen Freunden verbrachte ich einen fröhlichen Abend in einer typischen Karaoke-Bar.

Nachdem ich ein »Enka«, eine Mischung aus Volkslied und Opernarie, gesungen hatte, setzte sich ein älterer Japaner an unseren Tisch, um sich mit mir zu unterhalten. Im Laufe des Abends erzählte er mir aus seinem Leben. Als Kind hatte er mit seinen Eltern in der Mandschurei, dem von den Japanern im Jahr 1931 errichteten Staat Mandschukuo, gelebt. Als die Japaner im Jahre 1945 vor den Russen fliehen mußten, wurde er als 15jähriger von seinen Eltern getrennt. Er verbrachte zunächst drei Jahre in Sibirien und kam dann nach Mariupol am Asowschen Meer. Mir stockte der Atem. Nach kurzem Wortwechsel stellte sich heraus, daß wir beide zur gleichen Zeit, im Jahre 1948, im gleichen Lager inhaftiert waren.

Damals war mir bekannt, daß es in unserem Lager auch japanische Kriegsgefangene gab, zu denen man uns aber jeglichen Kontakt verwehrte. Auch bei der Arbeit gab es keine Möglichkeit zur Kontaktaufnahme, denn die Japaner fuhren als Fischer auf das Asowsche Meer, um den Fischbedarf für unser Lager zu decken.

Uns standen die Tränen in den Augen, als wir über verschiedene Vorkommnisse in diesem Lager sprachen. Er wurde – genau wie ich – im Jahre 1949 in seine neue Heimat, die er vorher noch nie gesehen hatte, entlassen. Seine Eltern hat er nie gefunden.

Dieses Bild legten meine Eltern einem Heimkehrer vor, der sie Weihnachten 1945 aufsuchte und berichtete, daß ich noch lebte. Das Foto hatte ich im Jahre 1942 nach Hause geschickt. Es zeigt, von links nach rechts, Peter, dem ich mein Überleben in Gefangenschaft verdanke, mich, ferner einen Leutnant, der unserem 1942 gefallenen Hauptmann K. als Kompaniechef folgte, im gleichen Jahr aber ebenfalls umkam, und ganz rechts Egon, der in der ersten Woche unserer Gefangenschaft – genau wie ich – an einer schweren Angina erkrankte. Eines Morgens fiel er tot um.

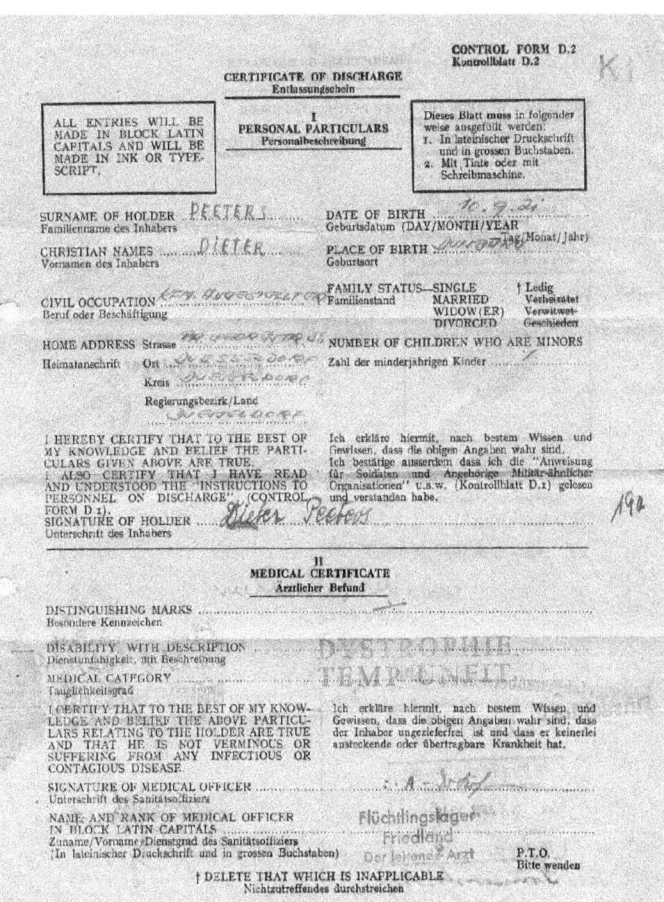

Vorderseite meines Entlassungsscheins, ausgestellt am 31. März 1949 in Friedland. Der ärztliche Befund in der unteren Hälfte vermerkt die Dystrophie als Folge meiner jahrelangen Unterernährung

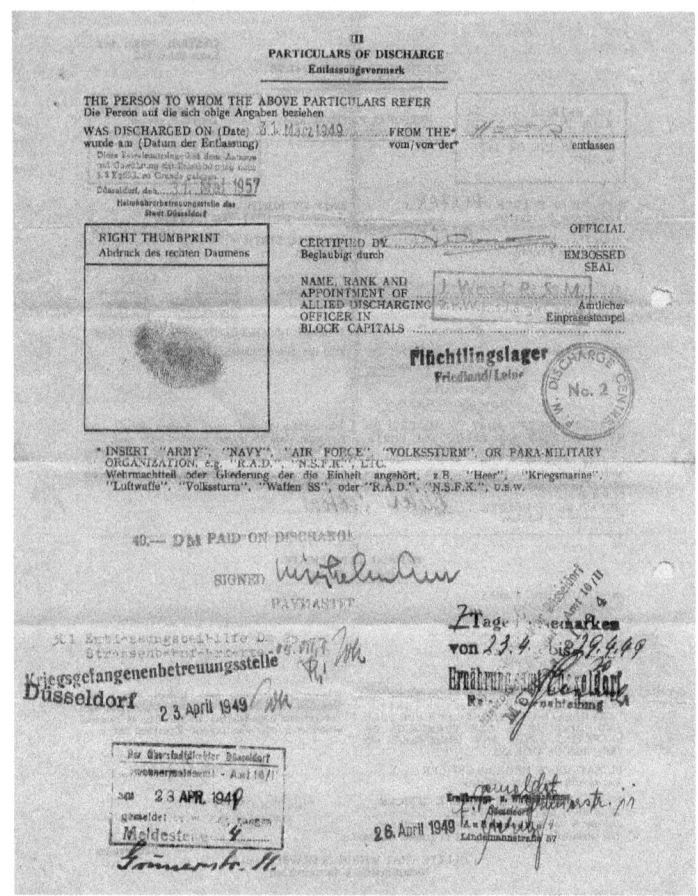

Rückseite meines Entlassungscheins. Nach meiner Ankunft im heimatlichen Düsseldorf mußte ich das Papier zunächst beim Einwohnermeldeamt und dann beim Ernährungs- und Wirtschaftsamt vorzeigen, um die begehrten Lebensmittelmarken zu erhalten. Die Stempel dieser Behörden sind im unteren Teil erkennbar.

Deutsches Lazarett (Provinzialkrankenhaus)
(22a) Langenberg-Rhld., Hauptstr. 56
Innere Abteilung

Ärztliches Attest

Für __Peeters__ Vorname __Dieter__ Geb.-Tag __1o.9.21__
Beruf __kfm. Angestellter__ Diensteintritt _____
Zugang von __Russlandheimkehrer__
Entlassen nach __Düsseldorf__
Diagnose __Dystrophie__
W. D. B. __ja__
Kostenträger __AOK Langenberg__
Erwerbsminderung __./.__ Versehrtenstufe __./.__
Arbeitsfähig __ambulante Lebensmittelzulagen für Heimkehrer__

Verwundung und Klagen:

Vorderseite des ärztlichen Attests, ausgestellt am 22. April 1949 vom Deutschen Lazarett im rheinländischen Langenberg, wo ich drei Wochen wegen meiner Dystrophie behandelt wurde.

Befund:
P. ist Heimkehrer aus russ. Kriegsgefangenschaft und kam mit einem Transport am 1.4.49 nach hier.
Es handelte sich bei ihm um einen Erschöpfungszustand nach Mangelernährung mit Ödemen, Verbreiterung des Herzens und zur Zeit erscheinungsfreier Malaria.
Die Dystrophie wurde behandelt mit Eiweisspräparaten und Vitamingaben und die Wasserausscheidung musste durch Medikamente unterstützt werden. Die BSG betrug 34/47, der Urinbefund war negativ und das Blutbild zeigte folgende Werte.: H°. 77%, Ery, 3 , F.I. 0,98, Leuko. 3600 (3 Eos., 1o Stab., 4o Segm., 23 Lymph., 14 Mono.) Es bestanden keine erhöhten Temperaturen, kein Auswurf und auch eine Durchleuchtung des Thorax ergab keinen Anhalt für einen spezifischen Prozess. Es bestanden lediglich ein Zwerchfellhochstand und eine dadurch bedingte Verbreiterung des Herzens.
Pat. wird auf eigenen Wunsch entlassen, da er sich an seinem Heimatort in weitere ärztliche Behandlung begeben will.

Die Rückseite des Attests mit der ausführlichen Diagnose. Auf eigenen Wunsch durfte ich das Krankenhaus verlassen und zu meiner Familie heimkehren.

Reihe ZEITGUT
Die fesselnde Geschichte des Alltags aus erster Hand

Stöckchen-Hiebe.
Kindheit in Deutschland 1914–1933
52 Geschichten und Berichte von Zeitzeugen
336 Seiten mit vielen Abbildungen,
Ortsregister, gebunden.
Band 3
ISBN 978-3-933336-02-6, EUR 12,90

Zwischen Kaiser und Hitler.
Kindheit in Deutschland 1914–1933
47 Geschichten und Berichte von Zeitzeugen
368 Seiten mit vielen Abbildungen,
Ortsregister, gebunden.
Band 15
ISBN 3-933336-16-3, EUR 12,90

Heil Hitler, Herr Lehrer!
Kindheit in Deutschland 1933–39
50 Geschichten und Berichte von Zeitzeugen
360 Seiten mit vielen Abbildungen,
Ortsregister, Chronologie, gebunden.
Band 13
ISBN 978-3-933336-12-5, EUR 12,90

Getäuscht und verraten.
Jugend in Deutschland 1933–1939
38 Geschichten und Berichte von Zeitzeugen
320 Seiten mit vielen Abbildungen,
Ortsregister, Chronologie, geunden.
Band 16
ISBN 978-3-933336-07-1, EUR 12,90

Weitere Informationen unter www.zeitgut.com

Reihe ZEITGUT
Die fesselnde Geschichte des Alltags aus erster Hand

Gebrannte Kinder.
Kindheit in Deutschland 1939–1945
61 Geschichten und Berichte von Zeitzeugen
384 Seiten mit vielen Abbildungen,
Ortsregister, gebunden.
Band 1
ISBN 978-3-933336-25-5, EUR 12,90

Gebrannte Kinder. Zweiter Teil.
Kindheit in Deutschland 1939-1945
36 Geschichten und Berichte von Zeitzeugen
336 Seiten mit vielen Abbildungen,
Ortsregister, Chronologie, gebunden.
Band 7
ISBN 978-3-933336-26-2, EUR 12,90

Täglich Krieg.
Deutschland 1939–1945
41 Geschichten und Berichte von Zeitzeugen
362 Seiten mit vielen Abbildungen,
Ortsregister, Chronologie, gebunden.
Band 9
ISBN 978-3-933336-34-7, EUR 12,90

Wir wollten leben.
Jugend in Deutschland 1939–1945
40 Geschichten und Berichte von Zeitzeugen
344 Seiten mit vielen Abbildungen,
Ortsregister, gebunden.
Band 5
ISBN 978-3-933336-24-8, EUR 12,90

Weitere Informationen unter www.zeitgut.com

Reihe ZEITGUT
Die fesselnde Geschichte des Alltags aus erster Hand

Wir sollten Helden sein.
Jugend in Deutschland 1939–1945
38 Geschichten und Berichte von Zeitzeugen
331 Seiten mit vielen Abbildungen,
Ortsregister, gebunden.
Band 12
ISBN 978-3-933336-11-8, EUR 12,90

Der Traum ist aus.
Jugend im Zusammenbruch 1944–1945
31 Zeitzeugen-Erinnerungen.
Band 20
320 Seiten, viele authentische Abbildungen,
Ortsregister, Chronologie, gebunden.
ISBN 978-3-933336-31-6, EUR 12,90

Also packten wir es an.
Deutschland 1945–1947
Geschichten und Berichte von Zeitzeugen
384 Seiten mit vielen Abbildungen,
Ortsregister, Chronologie, gebunden.
Band 21
ISBN 978-3-933336-121-6, EUR 12,90

Nachkriegs-Kinder.
Kindheit in Deutschland 1945–1950
67 Geschichten und Berichte von Zeitzeugen
448 Seiten mit vielen Abbildungen,
Ortsregister, gebunden.
Band 2
ISBN 978-3-933336-01-9, EUR 12,90

Weitere Informationen unter www.zeitgut.com

Reihe ZEITGUT
Die fesselnde Geschichte des Alltags aus erster Hand

Lebertran und Chewing Gum.
Kindheit in Deutschland 1945–1950
55 Geschichten und Berichte von Zeitzeugen
361 Seiten mit vielen Abbildungen,
Ortsregister, Chronologie, gebunden.
Band 14
ISBN 978- 3-933336-23-1, EUR 12,90

Und weiter geht es doch.
Deutschland 1945–1950
45 Geschichten und Berichte von Zeitzeugen
361 Seiten mit vielen Abbildungen,
Ortsregister, Chronologie, gebunden.
Band 8
ISBN 978-3-933336-10-1, EUR 12,90

Hungern und hoffen.
Jugend in Deutschland 1945–1950
48 Geschichten und Berichte von Zeitzeugen
361 Seiten mit vielen Abbildungen,
Ortsregister, Chronologie, gebunden.
Band 10
ISBN 978-3-933336-06-4, EUR 12,90

Schlüssel-Kinder.
Kindheit in Deutschland 1950–1960
46 Geschichten und Berichte von Zeitzeugen
336 Seiten mit vielen Abbildungen,
Ortsregister, Klappenbroschur.
Band 6
ISBN 978-3-933336-05-7, EUR 12,90

Weitere Informationen unter www.zeitgut.com

Reihe ZEITGUT
Die fesselnde Geschichte des Alltags aus erster Hand

Halbstark und tüchtig
Jugend in Deutschland 1950–1960
48 Geschichten und Berichte von Zeitzeugen
320 Seiten mit vielen Abbildungen,
Ortsregister, Chronologie, gebunden.
Band 17
ISBN 978-3-933336-17-0, EUR 12,90

Deutschland - Wunderland
Neubeginn 1950–1960
Erinnerungen aus Ost und West
368 Seiten mit vielen Abbildungen,
Ortsregister, Chronologie, gebunden.
Band 18
ISBN 978-3-933336-18-7, EUR 12,90

Von hier nach drüben.
Grenzgänge, Reisen und
Fluchten 1945–1961
40 Geschichten und Berichte von Zeitzeugen
352 Seiten mit vielen Abbildungen,
Ortsregister, Chronologie, gebunden.
Band 11.
ISBN 978-3-933336-13-2, EUR 12,90

Mauer-Passagen.
Grenzgänge, Fluchten und Reisen
1961-1989
46 Geschichten und Berichte von Zeitzeugen
368 Seiten mit vielen Abbildungen,
Ortsregister, Chronologie, gebunden.
Band 19
ISBN 978-3-933336-19-4, EUR 12,90

Weitere Informationen unter www.zeitgut.com

Zeitzeugen-Erinnerungen gesucht

ZEITGUT ist eine zeitgeschichtliche Buchreihe besonderer Prägung. Jeder Band beleuchtet einen markanten Zeitraum des 20. Jahrhunderts in Deutschland aus der persönlichen Sicht von 35 bis 40 Zeitzeugen. ZEITGUT ergänzt die klassische Geschichtsschreibung durch Momentaufnahmen aus dem Leben der betroffenen Menschen.
Die Reihe ist als lebendiges und wachsendes Projekt angelegt. Herausgeber und Verlag wählen die Beiträge unabhängig und überparteilich aus. Die Manuskripte werden sensibel bearbeitet, ohne den Schreibstil der Verfasser zu verändern. Die Reihe wird fortgesetzt und thematisch erweitert.

Sammlung der Zeitzeugen

In der **Sammlung der Zeitzeugen** fassen wir autobiografische Einzelbücher zusammen, die ebenfalls das Leben in Deutschland im 20. Jahrhundert beschreiben. Die Bände ermöglichen einen tieferen Einblick in das Schicksal der Verfasser und gestatten es, deren Leben über längere Strecken zu verfolgen.

Manuskript-Einsendungen sind jederzeit erwünscht.

Zeitgut Verlag GmbH
Klausenpaß 14, D-12107 Berlin
Tel. 030 - 70 20 93 0
Fax 030 - 70 20 93 22
E-Mail: info@zeitgut.com

www.ingramcontent.com/pod-product-compliance
Lightning Source LLC
Chambersburg PA
CBHW032236080426
42735CB00008B/875